U0137424

烈焰繁花
少女时

景 步 航

| 著 |

湖南文艺出版社
HUNAN LITERATURE AND ART PUBLISHING HOUSE

博集天卷
CS-BOOKY

图书在版编目（CIP）数据

烈焰繁花少女时 / 景步航著 . -- 长沙：湖南文艺出版社，2022.7（2024.6 重印）

ISBN 978-7-5726-0768-4

Ⅰ . ①烈… Ⅱ . ①景… Ⅲ . ①女性－文人－生平事迹－中国－古代 Ⅳ . ① K825.6

中国版本图书馆 CIP 数据核字（2022）第 118526 号

上架建议：畅销·文学

LIEYAN FANHUA SHAONÜ SHI
烈焰繁花少女时

著　　者：景步航
出 版 人：陈新文
责任编辑：刘雪琳
监　　制：邢越超
策划编辑：张　攀　万江寒
营销支持：文刀刀
版式设计：潘雪琴
内文排版：百朗文化
封面设计：末末美书
插　　画：千景绘
出　　版：湖南文艺出版社
　　　　　（长沙市雨花区东二环一段 508 号　邮编：410014）
网　　址：www.hnwy.net
印　　刷：三河市中晟雅豪印务有限公司
经　　销：新华书店
开　　本：875mm×1230mm　1/32
字　　数：187 千字
印　　张：9
版　　次：2022 年 7 月第 1 版
印　　次：2024 年 6 月第 4 次印刷
书　　号：ISBN 978-7-5726-0768-4
定　　价：59.80 元

若有质量问题，请致电质量监督电话：010-59096394
团购电话：010-59320018

尘烟深处那些睡去的花儿

在中国古代传统的思想里，一个女孩子，应当含蓄、贞洁、端庄、守礼，在家从父，出嫁从夫，恪守三从四德，谨记纲常礼节。

可是有趣的是，那些在历史上留下姓名和事迹的女子，好像都有些叛逆，特别是为我们所熟知的古代才女们，例如李清照、苏小小、鱼玄机、上官婉儿，她们都不是传统意义上的好女人。她们中有的酗酒，有的赌博，有的不结婚，有的养男宠。

她们从来就不是千篇一律的美女面孔，而是活得特立独行，千姿百态，每一位都有自己的个性、特点。可是在男性主导的世界里，她们常常会被忽略，只有史书上关于她们的三言两语和一些散落民间的传闻逸事留存。千百年前真正的才女，到底是怎样的呢？

我想写一写她们的故事。

这个想法在我脑中生根发芽，陪我辗转多地。从圣迭戈到北京再到纽约，这期间我接触了形形色色的人，经历了荒诞又真实的事。我一次次地整理行李箱，把起起伏伏的心绪一同打包好放入其中，纵是剪不断、理还乱，也并不会阻挡我再次出发。

唯有收拾好心情，继续走下去。

我仿佛看见千百年前四处颠沛的李清照，她独自赶着马车，疾驰在烟尘四起的大道上。从青州到莱州到衢州再到绍兴，这一路她眼睁睁地看着至亲离去，山河破碎，自己又孑然一身，若风中柳絮般漂泊无定。可她一次次地咽下痛楚，将其化作清丽旖旎的词句。

身躯有多柔弱，心志便可有多坚韧。她能做到，我亦可以。

冥冥之中，似乎有一座桥梁连接起我和另一个时空里的她们。我仔细品读那些才女的诗作，搜寻历史上关于她们的只言片语，以及后世对她们的评价。于是她们的形象一点点丰满，有了生动的眉眼、鲜活的声音、柔软的身体。她们穿过千年的岁月，一身风尘而来，然后和我面对面地坐着，要向我娓娓道来她们形色各异的一生。

我伸出手，于是感受到了她们手心的温热；我又闭上眼，于是闻到了她们周身的香气。她们要解开我的一个个困惑。曾经的我很好奇，千百年前，和我一样年龄的女孩子在过着怎样的生活？她们经历过怎样的悲喜，有过怎样的爱恨？她们是否也跟我一样，遇见了志趣相投的人，做着喜欢的事？

这些女孩子来自不同的阶层，过着截然不同的人生。有的生于大户人家，有的来自普通家庭；有的在民间，有的在宫廷；有的觅得良人，有的遭遇渣男；有的在情场上周旋，有的在官场中闯荡。

写着写着，我发现那时的她们和现在的我们，有着太多的共同之处。绝世才女也会在错误的感情里困顿，在人生的弯路上迷茫，也会遇到种种挫折、重重困难。我看到了身为女性的身不由己，但也看到了她们知其不可为而为之的勇气与力量。重叠的生命片段，纵隔古今，亦有灵犀相通，心心相印。

我们仍然可以同沐雨露，共赏风月。

或许我们大多数人对古代女子的认知，就是相夫教子，贤良淑德。这是教科书和传统观念留给我们的刻板印象。但这些才女，让我们看见了女性生命更多的可能性，哪怕是在纲常礼教极为严格，将女性牢牢束缚住的封建社会，她们也活出了不一样的人生，绝不仅仅是在家当个贤妻良母，侍奉公婆，日日洗手作羹汤。（没有说当家庭主妇不好的意思。）

我看见了一个女孩是怎样成长的，看见了时代大背景对女性命运的影响。我想象着那个年代的她们穿着什么样的衣服，说着什么样的话，做着什么样的事情，爱着什么样的人。我诵读她们写下的诗词，踏上她们走过的小路。她们陷入热恋时的欣喜，她们身不由己时的无奈，她们不愿服输时的倔强，即便隔着时间层层的蝉蜕，我也能够感知，能够懂得。千百年的时光也无法隔断这种情愫。或许只因为，我们都是女性。

女孩子当然更懂女孩子。

这样一群在历史上极为璀璨的女性，已经沉睡太久了。她们绝不仅仅是一个个名字，一个个代号，一个个虚无缥缈的传奇。她们曾是一个个活生生的人。我想唤醒她们，将她们的音容笑貌、喜怒哀乐，再次呈现在世人面前。

只恐夜深花睡去，故烧高烛照红妆。

我慢慢地想，慢慢地写。以笔为红烛，去照亮那些沉睡千百年的红妆玉面。

对文字与生俱来的热爱，是受到我家庭的影响。我的奶奶是语文老师，我很小的时候便跟着她吟诵唐诗宋词。爸爸作为中国第四代诗人，在二十世纪八九十年代有着深远的影响，《诗刊》的评论称他为"少侠景旭峰"。他当年由作家出版社出版了诗集《八九十年代》，其中那首《江湖令》让我多年来反复咀嚼回味——"快疾的鹰翅在黑暗衰亡的时刻划亮天空／微光映照下／更加激烈的马蹄／如雪白的蝴蝶／贴着潮湿的大地上下翻飞""我在朦胧的醉意中／将卷藏如钩的杀气深锁进眉宇间"。那时仍年少的我为这样精妙的词句所倾倒，这种不朽的诗意终于绵延至我。

而我的妈妈虽然攻读的是管理学的博士，却也爱在闲暇时写写文章。她是长三角地区文艺联盟网刊《湖海边》的专栏作者，笔下的小文清新隽永，如一泓荡漾的碧水，流淌在春风沉醉的江南岸。我在这样充满书香的家庭中长大，耳濡目染，自然天生喜爱诗书。

想来古代才女的养成，不仅因其出身于书香门第，更因为有名师一路指点。鱼玄机拜在大诗人温庭筠门下，李清照有其父李格非言传身教，我虽难以与她们相较，却也幸运地遇到了恩师提携、贵人点化。

我高中的语文老师晏辉老师，是正式引领我进入文学大门的人。他对我的偏爱与欣赏、鼓励与栽培，如明灯般照耀与指引着我蹒跚前行的写作之路。两年前我出版了第一本散文集《一骑轻尘》，因此书而有幸得到梁宏达老师的赏识，于是正式拜梁老师为师，跟着他学习中国古典文化。梁老师对于传统文化与诗词歌赋的精通，实在让我望尘莫及，常有"听君一席话，胜读十年书"之感。创作本书期间，我又有幸得到中信出版社社长王斌伯伯的指点，对于女权意识有了更深一层的领会。而此书的编辑张攀老师，则是我的伯乐。出于对此书的欣赏，张攀老师在此书出版期间用心策划，每处细节都力臻完美，希望让这本书以最好的模样呈现在读者面前。

这本书中的才女们生活在另一个时空，而我的身边，也有这样一群美好的女孩子时时给予我温暖和力量，让我在人生道路上从未感到过孤单。

我的闺密谭茜伊，她陪我看过的，何止是圣迭戈绚烂的晚霞和夏威夷漫天的星辰，更是我生命中的一幕幕风景，无论好的坏的，只要有她在，我都无比安心。去年遇到了一些小困难，我无奈辗转多地，这期间还好有我的姐妹们——马悦、何雨璟、齐子昕和伊丽莎白，在我困顿无助时坚定地握住了我的手。陌生的城市有她们为我描绘声色与光影，为我带来一室的温暖与饭菜的香气。

正如最近很火的那句话所说的，"Girls help girls"（女性帮助女性）。

这些美好的女孩子，不论她们来自古代或生活在现代，都是我生命中的惊鸿倩影。烈焰繁花少女时，我们彼此陪伴，一起走过。

景步航

目录

2

卓文君

姐的牌坊自己立

班婕妤

别低头，王冠会掉

027

4

蔡 文 姬

（１７７？ －２４９？／汉朝）

蔡文姬

地狱模式怎么玩

053

谢道韫

（335？—405？/晋朝）

最飒女神嫁错了人

079

8

苏 小 小

（ 4 7 9 — 5 0 2 ？ / 南 北 朝 ）

苏小小

小小玻璃心，
一碰就碎了

105

上官婉儿

（6 6 4 — 7 1 0 / 唐朝）

谈恋爱不如搞事业

125

12

薛　涛

（ 7 6 8 ？ － 8 3 2 / 唐 朝 ）

薛涛

初代网红的圈粉之路

151

鱼玄机

（８４４？－８６８／唐朝）

鱼玄机

我那被嫌弃的一生

179

李　清　照

（ 1 0 8 4 － 1 1 5 1 ？ / 宋 朝 ）

李清照

姐就是女王

205

18

李香君

秦淮女团 C 位出道

235

李 香 君

（ 1 6 2 4 — 1 6 5 3 / 明 朝 ）

景岁
航

卓 文 君

（ 前 1 7 5 — 前 1 2 1 / 汉 朝 ）

姐的牌坊自己立

1

两千多年前的某个夜晚，月色如同往常一样静谧无声。蜀郡临邛（今四川邛郲）的某富商家里却鸡飞狗跳，乱成了一锅粥。

这家的千金大小姐，跟一个仅有过一面之缘的男人跑了。

这户倒霉人家的男主人名叫卓王孙，祖上以冶铁为业。到了他这一辈，已经积攒下了万贯家财。再加上卓老爷天生极具商业头脑，生意做得风生水起，成了当地巨富。此刻卓老爷气得快要原地爆炸了。他视若珍宝的女儿，居然和一个来路不明的小子，连夜私奔了。这个新闻明天一定会登上蜀郡的头版头条，毕竟他赫赫有名的卓家，在当地影响力极大，而他貌美如花的女儿，是多少富二代、官二代等一众青年才俊的梦中情人。这下老脸可丢大了，不知会被那些眼馋卓家千金的人怎样嘲笑呢。

这位为爱出逃的叛逆少女，就是大名鼎鼎的才女卓文君。

卓大小姐是个名副其实的"白富美"，集万千宠爱于一身。她就是"玛丽苏小说"的女主角，美貌、才气、家世全都拥有了，就差一段轰轰烈烈的爱情。从出生起，卓文君就被卓老爷爱惜地捧在手心，卓家上下也都对这位小公主呵护备至。在锦衣玉食的滋养下，卓小姐出落得愈加明艳动人。《西京杂记》中记载她是"眉色如望远山，脸际常若芙蓉，肌肤柔滑如脂"。卓老爷子一脸宠溺地看着自己的宝贝女儿，心里想着，全世界最好的，我都要给我闺女。于是卓文君从小就是限量版锦衣罗裙想要就买，定制款珠翠发簪应有尽有，她的衣帽间和梳妆台，简直就是万千少女梦想拥有的。卓文君的日常生活，就是每天从五平方米的豪华大床上醒来，吃个精致的早餐，然后跟着专门请到家里来的老师学习音律和文学，下课后就弹弹琴写写诗，过着神仙一般的生活。

这样被保护得很好的女孩子，从来不知道世事险恶。她的世界里，只有风花雪月。她乖巧，听老爸的话，每一步都走在已经铺设好的平坦大道上。在十六岁那年，她听从父母之命、媒妁之言，嫁给了一个同样家世显赫的公子，换了个地方继续当她的大小姐。不太幸运的是，这位在历史文献中都不配拥有姓名的公子，年纪轻轻就因病去世了。女主角卓文君的精彩故事还没开始，这位公子就早早地成了一抔黄土。仿佛一切都在为她之后那段波澜壮阔的爱情做铺垫。

老公死了，也不是什么大事。毕竟卓文君并不是那种要靠着嫁人来改变命运的女孩子，条件优越的原生家庭是她坚实的后盾。卓老爷想着，干脆就把自己的宝贝女儿接回来吧，省得自己天天惦记。自己有的是钱，养闺女一辈子也没问题。于是卓文君在家当起了小寡妇。她的生活还是和从前无异。那个英年早逝的前夫，很快就被翻篇了，并没有让她的心绪发生太大的起伏。

而在家当着小寡妇的卓文君，并不知道自己的婚事是人们茶余饭后谈论的热点话题。蜀中的男人都对如今单身的卓文君垂涎不已，然而并没有人有过提亲之类的实际行动。一来呢，卓文君再好，到底已经结过一次婚了，有头有脸的人家对这方面是有忌讳的；二来呢，卓文君的择偶条件很高，资质平平的人她又看不上，不想将就。这样一来，卓文君再嫁的事就被耽搁了。不过她自己也不着急，反正在家的小日子过得挺滋润的，感情这事，就随缘吧。

只是卓文君心底还是有些说不出的遗憾和落寞。

当初听老爸的话稀里糊涂地结婚了，至于爱情的滋味，实在是没有细品。毕竟和第一任丈夫都还没有培养出感情呢，他就一命呜呼了。而且刚结婚的时候，卓文君对这个人也说不上多喜欢。可是不管怎么说，一次婚姻之后，卓文君不再是个黄花大姑娘了，经历过人事，便食髓知味。她想要再次品尝了。

2

卓文君虽然是位大家闺秀，但她并不是只读着儒家经典长大的。青春期时，她也躲在闺房里偷偷看过言情故事，对于那些惊天地泣鬼神的爱情，她有着无限的神往。第一次嫁人的时候，她是有些遗憾的，自己对这位公子并没有什么心动的感觉，书里的浪漫爱情，都是骗人的吗？

这个疑惑的解开，是在遇见司马相如的那一刻。

卓文君永远记得那一天，百无聊赖的她逛着自家的后花园，看见仆人们忙里忙外，一问才知道，原来今天有贵客临门。卓文君心里好奇，谁这么大面子，值得老爸差人准备这么隆重的宴席？于是宴会开始的时候，卓文君就偷偷地躲在帘子后面观察。只见宴客厅里坐了上百个客人，为首的便是当地的一把手——县令王吉，以及另一位富商程郑。卓文君心里更加疑惑了，就这也值得我爹摆这么大阵势？毕竟卓大小姐跟着她老爸，也是见过大场面了，什么达官贵人没见过？她有一点失望，准备再过一会儿就离开。就在这时，一个年轻人出现了。

看见他的那一瞬间，卓文君的心脏，漏跳了一拍。

这个年轻人目测身高至少一米八，长身玉立，眉眼俊朗，白衣飘飘。在卓文君的眼里，他连头发丝都在闪闪发光。宴席之上的丝竹管弦之声戛然而止，只听这位帅哥用充满磁性的声音说道："在下司马相如，拜见各位大人。"

司马相如。多么好听的名字，简直就是偶像剧男主的标配。卓文君此时心里就像打翻了一瓶酸酸甜甜的草莓味气泡水，全身都在冒着粉红色的泡泡。难道这就是怦然心动的感觉吗？

司马相如恭敬地向县令和卓老爷行了礼，抬头起身的那一刻，他的目光正好撞上了卓文君藏在帘子缝隙中的那一双美丽的大眼睛。目光与目光，隔着觥筹交错的宾客和重重的桌椅，电光石火般交缠在了一起。卓文君顿时脸红耳热，整个人晕乎乎的，好像喝醉酒一般。难道这就是恋爱的感觉吗？

她听他一边抚着琴，一边吟唱着他自己创作的辞赋。他的文采可真好啊，长得帅就算了，还如此有才，这谁抵挡得住呢？怎么感觉他的这首《凤求凰》，字字句句都是冲着我来的呢？"有一美人兮，见之不忘。一日不见兮，思之如狂。"他口中的美人，会不会就是我呢？

正在卓文君胡思乱想的时候，司马相如又看似不经意地瞥了她一眼。这一眼，如此深情绵邈，分明是在向自己传递情意，暗送秋波。卓文君感觉到自己的全身都在燃烧，心也狂跳不止。此刻的她，已经自动屏蔽掉了宴客厅内除司马相如之外的上百号人，包括她的老爸卓王孙。卓文君的眼里，现在只有这个风度翩翩的公子了。她心想，既然老天赐我这场浪漫的邂逅，那我一定要抓住机会。

于是卓小姐在心里暗暗做了决定。

3

然而这个浪漫故事的另一个版本，恐怕要让卓文君小姐失望了。她以为的"金风玉露一相逢"的美好邂逅，实际上，是一场蓄谋已久的表演。说白了，就是卓小姐被"套路"了，但她自己浑然不觉。

以严谨求实著称的千古绝唱《史记》，对于这段故事也有所记载。司马相如原名犬子，这名字就跟狗剩、二蛋差不多。他爹妈可能是相信贱名好养活，就随随便便给他取了这么个名字。司马犬子因为这个听起来不太聪明的名字，从小就受到了同学朋友们的各种嘲笑。于是长大之后他就立马把名字给改了。因为特别崇拜战国名臣蔺相如，他就改名为司马相如，这个体面的名字比较方便他闯荡江湖。司马相如长相帅气，头脑聪颖，在辞赋音律上极有天赋，只可惜他是个不折不扣的穷小子，要钱没钱，要门路没门路。人穷，但他志不短，天天想着有朝一日飞黄腾达。司马相如的鸿鹄之志也不是凭空而来的，毕竟人家有才气有颜值，就是缺了个展示自我的机会。

后来的事实证明，人还是得有梦想的，万一哪天一不小心就实现了呢？

早年司马相如一直很不得志，他擅长辞赋和音律，却阴差阳错当了汉景帝的武骑常侍，平时陪着汉景帝打打猎，而且也不是贴身的那种，只是凑个热闹。这就相当于找了份专业不对口，自己又不喜欢的工作，整得司马相如都快抑郁了。没过多久他就决定辞职不干了。

这没了收入，又没家底，咋活下去呢？馒头榨菜都快吃不起了。都说在家靠父母，出门靠朋友。还好司马相如少年时结识过一位好友，叫作王吉，如今王吉当了临邛县县令，也算是发达了。王县长仍记得年少时和司马相如许下的"苟富贵，毋相忘"的誓言，现在听说自己的好兄弟最近有些落魄，于是热情地邀请相如来临邛玩，还包吃包住。有这等好事，司马相如便立刻欣然前往。

这个王县长成了改变司马相如命运的关键人物。

两个人见了面一边喝酒一边聊天。王吉就和相如聊起了临邛县最近发生的八卦新闻，提到了卓家大小姐新寡的事。王吉说："相如贤弟，我们县的卓小姐又美又有钱，关键是现在单身，你不是精通音律辞赋吗？这卓小姐啊，就好这一口。"司马相如苦笑道："我这么穷，要啥没啥，人家能看上我吗？"王县长说："这可是你咸鱼翻身的好机会啊，我有一计，且听我慢慢道来。"

司马相如和王吉接下来折腾的一切，都是为了卓家的千金大小姐。一出被红尘男女粉饰了千年的好戏"凤求凰"就这么上演了。

王县长每天有意做出无比谦恭的样子，去拜访司马相如。而司马相如则是摆出了一副矜持清高的姿态。一开始还勉强见一见王吉，后来干脆次次婉拒。王吉真是中国好兄弟，非常尽力地配合他的表演，相如越是拒绝，王吉就越是表现得毕恭毕敬。

临邛县的老百姓们开始不解了。能让我们堂堂的县长大人屈尊降贵而不得见的，到底是什么了不起的人物？就连当地首富卓王孙，脑子里也冒出了无数的问号，被这个人吊足了胃口。于是他决定办一场大宴招待王县长，顺便邀请这位神秘的贵客，以便一睹他的真容。

收到邀请之后的司马相如嘴角露出了一丝得意的微笑，很好，鱼儿上钩了，我已经成功引起了老卓的注意。

宴请这天，王县长先去了卓府，司马相如则迟迟没有动身前往。当上百宾客都入席等候了，司马相如还未现身。卓王孙见这位贵客一直不来，便专门派人去请他。此时司马相如便开始飙演技了，他故意装出一副虚弱的样子，说自己身体不适去不了，无奈抱歉之中又带着一丝丝骄矜自持。去请司马相如的人便回到卓府，如实禀报了情况。这时候最佳男配角王县长再度上线，他对卓王孙说："唉，我这贵客不来，我也吃不下啊，您等着，我亲自去请他来。"于是卓王孙心里对这个神秘人物更加好奇了，还没见着他的人影，敬慕之情便已油然而生。那一天，整个临邛县有头有脸的人物，都在恭候着司马相如的大驾。

司马相如和王吉配合得天衣无缝，成功忽悠了整个临邛县的人，奥斯卡都欠他们两座小金人。

终于，这位英俊潇洒的大帅哥闪亮登场了。宴席之上，他演奏了一首早已准备好的《凤求凰》。一边抚琴，一边吟着歌赋，其声如慕如诉，深情绵邈，令在座的所有人惊艳，自然也包括躲在帘幕之后的卓文君。其实从一入席开始，司马相如就发现有人在后面偷看。那双楚楚动人又饱含娇羞的大眼睛，在和司马相如的目光撞上的那一瞬，慌乱地闪开了。司马相如多聪明，他心里一下就明白了，这一定是卓家大小姐，也就是他此行的目标。于是司马相如就演奏了这首早已排练过无数遍的《凤求凰》：

有一美人兮，见之不忘。

一日不见兮，思之如狂。

凤飞翱翔兮，四海求凰。

无奈佳人兮，不在东墙。

将琴代语兮，聊写衷肠。

何日见许兮，慰我彷徨。

愿言配德兮，携手相将。

不得於飞兮，使我沦亡。

在场所有人都以为这是一场精彩的才艺展示，其实这是一次隐晦又大胆的勾引。相如之意不在酒宴，而在于卓文君大小姐。卓老爷啧啧赞叹这个年轻人的时候，是万万也没有想到，他的宝贝女儿，就这么被勾走了。宴席之上，司马相如对卓文君或明显或暧昧的勾引，她从一开始就领悟了。那缱绻缠绵的琴音，如同魔咒一般萦绕在卓文君心头。

被爱情冲昏了头脑的她，毅然决定为爱出逃。

4

为什么富家千金卓文君，会如此轻易就被一个不知底细的男人拐跑了呢？照理说她是见过世面的女孩子，从小不缺爱，身边也从不缺倾慕者和追求者。或许我可以以一个女性的视角，去揣测一下她的内心想法。对卓小姐来说，无论是少女时代的闺阁生活，还是前夫去世之后的寡居生活，虽然安逸富裕，却都是有些无聊的。她所了解和接触到的人，都是想巴结老卓家或是讨好自己的，卓小姐对于他们，已经是见惯不惊了。

而三邀四请都不来的司马相如，则是如同一股辛辣，注入卓文君纯甜的生活。从小受尽宠爱，并且习惯了人们对她百依百顺的女孩子，对于一个桀骜不驯、初次见面就敢公然挑逗自己的男人，是毫无抵抗力的。她一向乖巧的外表下所隐藏的叛逆火苗，

"哗啦"一下就被点燃了，并且熊熊燃烧，大有星火燎原之势。这就注定了要酿成一个惊天动地的结局。

而且卓文君并不是深锁闺阁、未经人事的女孩子，她是经历过男人的。她已经打开过新世界的大门，不会再像纯白如纸的少女那样，面对喜欢的人只能娇羞无措，躲进闺房偷偷想念。她的眼睛，已不再盛满少女专属的天真了，而是还有了一点女人的风韵，这是带有一丝情欲意味的。毕竟大部分的一见钟情，都包含着见色起意的成分。

再者说，司马相如的造势和作秀，也是发挥了很大效果的。卓小姐即便深居闺房，也一定会对这个敢于拒绝县长大人的年轻人有所耳闻。她的心里已经埋下了一颗好奇的种子。对于这个神秘的贵客，她也和其他人一样，急切地想要探寻和了解。况且司马相如早已从王吉那里打听到卓文君极爱琴瑟音律，所以他对症下药，在初次亮相的时候表演了一曲《凤求凰》，成功收获了卓文君的少女心。若说爱情是一场博弈，此时司马相如在暗，而卓文君在明，谁处在上风，一目了然。说白了，他早就吃定了卓文君。只是可能连司马相如也没有料到，这位卓小姐，对他爱得如此热烈，第一次正式约会的夜晚，就决定和他私奔。

那天晚上月色如水，卓小姐在月光里浸了个透，淹得遍体通明。她淑女的举止是父母和礼教强加给她的，但她的眼睛属于她自己。卓文君用湿漉漉的目光锁住了眼前的这个男人，暗暗说道："无论是去哪里，我都跟你走。"

那么深情绵邈，义无反顾，一直在清醒布局的司马相如，竟然有了心动的感觉，这感觉就像喝多了一样，有些上头。心动，是意料之外的事。他最初的目的，只是把卓文君当作一枚棋子，一个帮他往上爬的梯子。

那么为什么卓文君不大大方方地和她的老爸说自己喜欢司马相如，然后由她爸爸操办婚礼，光明正大地嫁给相如呢？毕竟不明真相的卓王孙，此时也是很欣赏司马相如的。可是别忘了，卓文君是个寡妇。"烈女贞妇"的枷锁又美又沉重，困住了那么多女人的一生。而且在古代，改嫁是一件很丢人的事情，注重颜面的大户人家就更不会允许这种事情发生了。曾有人问北宋理学家程颐："人或居孀贫穷无托者，可再嫁否？"程颐回答："只是后世怕寒饿死，故有是说，然饿死事极小，失节事极大。"

卓文君心里很清楚，想要和司马相如在一起，就只能私奔。于是便有了这么一出名传千古的"文君夜奔"。

5

后世的人总说，司马相如琴挑卓文君，是一段才子佳人式的浪漫爱情故事。两千多年前的月色里，卓文君收拾行囊跟着司马相如私奔，被奉为一段女性反抗封建礼教、勇敢追求爱情的佳话。

可是生命是一袭华美的袍，上面爬满了虱子。

现实远没有人们想象中那般美好。沾染着私欲的真相被揭开时，就像阳光下彩色的泡沫，猛然间被戳破了，那样梦幻，那样流光溢彩，也不过是一场空。

当卓文君跟着司马相如来到了他成都的家，她才发现，这个外表光鲜的男人，住的地方却家徒四壁，要啥没啥。那一瞬间，卓文君绝对是有些后悔的，自小习惯了锦衣玉食的她，是不可能如人们所想的那样，可以为了爱情而安于贫困。但是卓文君此时，已经没有回头路可以走，她只能打碎了牙往肚子里咽，跟司马相如过上吃了上顿没下顿的日子。自己选的路，哭着也要走完。

不过还好，这个男人是她喜欢的。俗话说有情饮水饱，热恋期的甜蜜也暂时够填饱咕咕叫的肚子了。买不起玫瑰花，那就送一束芹菜；买不起钻石戒指，那就用狗尾巴草编一个。卓文君被司马相如那点甜言蜜语哄得昏了头，自以为找到了真爱。

而她的老爸卓王孙，此时气得胡子都在发抖。他意识到自己是被司马相如这小子给耍了。对于自己捧在手心宠着长大的女儿卓文君，老卓是无限的失望。自己辛辛苦苦养的鲜嫩的白菜，就这么轻易地被一只不知道哪里来的猪给拱了。而自己不仅被蒙在鼓里，还成了推波助澜的帮凶。要是不邀请司马相如来做客，宝贝女儿也不会被拐跑啊。这可太丢人了。为了挽回一点脸面，老卓狠下心决定，对他们进行经济制裁，一个子儿也不给。

那时的卓文君还太年轻，她还不明白，没有物质的爱情，就是一盘散沙。年轻的女孩子们很容易陷入一段感情里，家不要了，钱不要了，父母也不要了，只要自己认定的那个人。一无所有没关系，众叛亲离也没关系。只要有他在，再苦都是甜的。一头栽进去，撞得头破血流都不回头。

这是典型的恋爱脑。

司马相如没有白费心机，终于抱得美人归。他看着自己简陋的家里忽然多出了卓文君这么一个衣着华美的女子，心里闪过了一丝异样的感觉。他的确是有计谋得逞后的得意，但那点得意，竟渐渐融化在卓文君柔情似水的目光里。如今对卓小姐，司马相如绝不仅仅是把她当作一颗改变自己命运的棋子的。或许一开始，他对这个美丽的千金大小姐，只是出于男人对于一个有钱的美女人之常情式的倾慕和渴望。但这个女子躲在帘幕后的惊鸿一瞥，以及她在如水月光里温柔又坚毅的眼神，都让他真实地心动了。

人都有多面性，包括那些辽远的历史人物，不能简单地给他们贴上多情公子或心机小人的标签。正如司马相如，他可以一边爱着卓文君，一边又为自己的私欲而筹谋。这两者并不矛盾。而对卓文君，也不必强行给她扣上为了爱情而对贫困生活甘之如饴的高帽子，卓小姐其实根本过不下去吃糠咽菜家贫如洗的苦日子。热恋期过去之后，风花雪月还是会败给柴米油盐。文采风流的司马相如和才貌双全的卓文君，一定也会为了菜场大葱涨了几文钱而烦恼，也会为了谁洗碗而吵架。琴瑟在御，莫不静好，那是富贵闲人的爱情。老百姓可没有那个闲情逸致，饿着肚子还能醉月飞觞、吟诗作对。

叫间久」，这场爱情的美梦也差不多该醒了。卓大小姐终于受不了一边吃饭一边打蟑螂的日子，于是她向司马相如提议，亲爱的，不如我们回临邛吧，我找亲戚朋友们借点钱开个酒馆，好歹能改善一下生活。司马相如听了挺开心，心想，我磨不开面子主动提回临邛，终于等到你说这句话了。

于是两个人简单收拾了一下，卖掉了唯一值点钱的车马，卓文君又跟同族兄弟们借了点钱，盘下了一间小小的酒馆，就开在卓府不远处。

6

司马相如寻思着，这开个小酒馆也挣不到什么钱啊，还是得让卓老爷子出手帮忙才行。他眼珠子滴溜溜一转，一个好计策又冒上心头。他对卓文君说："亲爱的，我俩分个工吧，我在后边洗杯子干粗活，你就在店铺前负责收银，这活轻松，可不能把我的宝贝累到了。"卓文君听了心里还挺感动，高高兴兴地答应了。

于是美女当垆卖酒，便成了这条街上令人驻足的一道风景。卖酒的时候，卓文君不经意间会挽起袖子，露出一截白皙的手腕。垆边人似月，皓腕凝霜雪，这是多么旖旎诱人的画面啊。人们都闻讯而来，一饱眼福。本来这种大户人家的"白富美"，平时大门不出、二门不迈的，人们是见都见不到一眼的，如今竟然和那些杀猪的卖菜的一起，挤在嘈杂的市集上，真是稀世奇景。曾经那么高贵的大小姐，现在似乎谁都可以言语调笑她两句，甚至趁机揩个油。

文君当垆卖酒的事，一下上了临邛的热门话题第一名，街头巷尾人人都在议论，首富卓王孙的女儿，居然沦为卖酒女。

其实卓文君何尝不知道，女子抛头露面卖东西，是件很不体面的事呢？只是此时，被现实逼得走投无路的她，也只能出此下策。毕竟这个男人是自己选的，有多少委屈，也只能囫囵吞下。

临邛县的吃瓜群众，有的来看热闹，有的幸灾乐祸，还有唯恐天下不乱的，专门跑去告诉卓老爷，不嫌事大地火上浇油。卓老爷子气得血压飙升，自己的闺女就在家门口当垆卖酒，这不是故意丢自己的老脸吗？不行，我老卓不能继续当整个临邛县的笑柄了。

开家族会议的时候，老卓的兄弟长辈也劝他："文君现在已经是司马相如的老婆了，这是板上钉钉的事。你再不乐意，又有啥子办法嘛。再说司马相如这小子，也确实有点才气，这女婿，你就认了吧，反正你也不缺钱，不如接济一下这小两口。事情再闹下去，丢的不还是我们卓家的脸吗？"

卓王孙无可奈何地妥协了。史书上说，他最终分给了文君奴仆百人，钱百万，让小两口回成都安家置业去了。司马相如一下从一个没钱没车没房的草根，逆袭成了坐拥豪宅、奴仆成群的"高富帅"。不得不说，他这盘棋，布局得实在精妙。前期靠造势和表演，收获了一个卓文君，然后又一步一步谋得了老卓的家产，从此下半辈子都不用愁了。

俗话说好事成双，司马相如这段时间如同锦鲤附身，运气出奇地好。他之前写的一篇《子虚赋》，被当朝天子汉武帝看到了。汉武帝以为这是前朝某个才子写的，一边啧啧赞赏一边感慨道，要是能和这个作者生在一个时代就好了。旁边的大臣立马说："这人就是跟您在一个朝代啊，他人就在成都呢。"汉武帝一听，立刻就传召司马相如进长安。被皇帝赏识，这可是天大的荣耀啊。司马相如觉得自己的春天真的要来了。而卓文君，简直比司马相如还激动，她恨不得立刻飞鸽传书给老爸，让他知道自己当初没有选错人。

司马相如就这么在卓文君充满崇拜的炽热目光里，启程前往长安了。他的人生从此就像开了挂一样，一路高升。到了长安后没多久，他又以一篇《上林赋》被封为郎，也就是皇帝的私人高级助理，天天都跟着汉武帝，要多风光有多风光。司马相如可以说是人生赢家，娶上了白富美，当上了高官，就此走上了人生巅峰。

而在家里的卓文君，听说老公这么有出息，虽然为他高兴，但独守空房的日子，可真不好受。

7

卓文君第一次尝到了相思的苦楚。家里奴仆上百，自己却仿佛置身空房。她有时坐在重重翠纱罗绮的房中刺绣，细细密密的针脚都是她思夫的心事。一个人待着的时候最容易胡思乱想了。卓文君常常自言自语："不知道我老公现在在干啥呢？京城的美女是不是很多？他会不会爱上别人啊？"她有时坐在院中的凉亭里赏花赏月，可是良辰美景纵有千种风情，又能和谁分享呢？

司马相如最近寄回来的家书越来越少，问他啥时候回来，他却总是推说工作太忙了。女人的第六感告诉卓文君，老公在外面有情况了。

果不其然，这次司马相如寄回来的家书颇有深意。信上只有几个数字：一二三四五六七八九十百千万。卓文君多么聪明一女人，一下就发现，十三个数字，独独缺了一个"亿"。无"亿"便是无忆，也是无意，所以这封信的中心思想，就是司马相如想对卓文君说，我对你，已不再有挂念了。有文化的人就是不一样，连写给老婆的诀别信，都如此含蓄巧妙，暗藏玄机。

所以爱会消失对不对？收到信时，卓文君虽然置身在温暖的阳光下，却手脚冰冷，心凉如水。她想起自己为爱私奔的那天晚上，寒风凛冽，只是那时心如热火，丝毫不觉得冷。卓文君的猜测没有错。司马相如这个凤凰男如今飞上枝头了，不免有些得意。卓文君是好，美丽有才的小富婆，还对自己全心全意，可她人在成都，远水解不了近渴啊。司马相如看着身边的同僚都妻妾成群，也心痒痒了，而且刚恋爱时的激情已经过去了，卓文君的容颜都在司马相如的脑海中模糊起来。于是他给卓文君写了这封家书，暗暗地表达了自己的意思。

现在的卓文君，已经没刚恋爱的时候那么冲动了。现实的一瓢冷水，浇得她透心凉。即便是恋爱脑，此刻也清醒多了。可她还是困惑不已，到底哪里出错了呢？我对他那么好，陪他吃了那么多的苦，他怎么可以变心呢？

可对一个不负责任的男人来说，恩和义都是受苦，情和爱才是快活。陪着他悲戚与共，陪着他吃糠咽菜，那又如何呢？后来的陈世美、薛平贵的故事，我们已经听了太多太多。

一段婚姻，不可能从始至终都是和谐美满的，总会有出问题的时候。可在大多数感情里，想方设法挽回婚姻的，都是女性。

而卓女士对于丈夫数次变心的回应，堪称古代版绝望主妇打赢婚姻保卫战的优秀典范。普通女子面对丈夫功成名就之后的变心，要么哭哭啼啼、苦苦挽留，要么撒泼耍赖、吵吵闹闹，但卓文君可是个琴棋书画样样精通的大家闺秀啊，这么多年的书不是白读的。她并没有寻死觅活，一哭二闹三上吊，而是做了一百个深呼吸，又和自己说了一百遍，淡定。然后她给司马相如回了一首《怨郎诗》。

一朝别后，二地相悬。

只说是三四月，又谁知五六年？

七弦琴无心弹，八行书无可传。

九连环从中折断，十里长亭望眼欲穿。

百思想，千系念，万般无奈把郎怨。

万语千言说不完，百无聊赖十倚栏。

重九登高看孤雁，八月中秋月圆人不圆。

七月半，秉烛烧香问苍天，六月三伏天，人人摇扇我心寒。

五月石榴红似火，偏遇阵阵冷雨浇花端。

四月枇杷未黄，我欲对镜心意乱。

急匆匆，三月桃花随水转。

飘零零，二月风筝线儿断。

噫！郎呀郎，巴不得下一世，你为女来我做男！

这一段卓文君作数字诗挽回司马相如的故事，并没有被正史所记载，只是民间的传说而已。然而这首荟萃了民间智慧的诗歌，恐怕是世间万千遭到丈夫冷落的女子字字泣血的申诉。自古总是薄情郎君辜负多情女子，即便是卓文君这样有钱有才有颜值的"白富美"，都逃不过老公发达了就变心的定律。用写诗来挽回丈夫的心，是卓文君作为一个女子，极其柔婉却绵里藏针的争取。

8

司马相如还算有点良心，或许是他顾念与卓文君之间的夫妻恩情，有些于心不忍。但他想找新欢的念头如同顽强的小火苗，一直都没有熄灭过。在京城的日子，可以说是灯红酒绿，曾经是穷小子的司马相如，哪里抵挡得住声色犬马的诱惑呢？没多久他又看上了一个茂陵女子，想要纳她为妾。这个小三，虽然没有卓文君美丽，没有她有钱，更没有她有才气，但她的年轻娇俏，让司马相如流连在温柔乡中乐而忘返。这种婚外情的新鲜感和刺激感，对一个男人的诱惑是致命的。

事情很快传到了卓文君那里。婚姻再度遇到危机，已经有了应对经验的卓文君，又写了一首《白头吟》：

皑如山上雪，皎若云间月。闻君有两意，故来相决绝。

今日斗酒会，明旦沟水头。躞蹀御沟上，沟水东西流。

凄凄复凄凄，嫁娶不须啼。愿得一心人，白头不相离。

竹竿何嫋嫋，鱼尾何簁簁。男儿重意气，何用钱刀为！

这首情深意切却又不卑不亢的《白头吟》，让我看见的，是一个女子面对丈夫变心，体面又智慧的应对。简要概括这首诗的意思就是，我还是很爱你，但你让我伤心了，辜负了我对你的深情，所以现在，老娘要和你恩断义绝。

曾经被惯坏了的娇小姐卓文君，任性冲动过，敢爱敢恨过，年轻时的她，就是个不折不扣的恋爱脑。但在经历了一系列的变故和现实的磨砺之后，她学会了成熟冷静地去面对和处理感情问题。卓小姐并没有因为爱一个人就彻底放弃自己的人格和尊严，她始终有她的骄傲。当司马相如一再触及卓小姐的感情底线时，她便决定和这个男人一刀两断了。卓文君的这份底气，来自她从小优越的成长环境，以及有钱又疼爱她的老爸。不管卓文君在感情里做出怎样的决定，她都有退路，都有一个坚实的后盾。生来就是小公主的卓文君才不会低头，眼泪可以掉，王冠不能掉。

写完《白头吟》之后，卓文君还不解气，又附上了一篇《诀别书》：

> 春华竞芳，五色凌素，琴尚在御，而新声代故！
>
> 锦水有鸳，汉宫有木，彼物而新，嗟世之人兮，瞥于淫而不悟！
>
> 朱弦断，明镜缺，朝露晞，芳时歇，白头吟，伤离别，努力加餐勿念妾。锦水汤汤，与君长诀！

有人说，是卓文君诗中的深情，让司马相如回心转意了，他想起了曾经和卓文君共度的朝朝暮暮，想起了这个女子为自己付出的种种，终究是旧情难了，欲重温鸳梦。但或许另一种解释，更符合一个男人隐秘的心理。卓文君的决绝离开，让司马相如一下子慌了。他以为卓文君会死心塌地爱着他，就如当初她不顾一切和他月下私奔那样。但司马相如没想到的是，她对自己说放手就放手了，要"与君长诀"，要恩断义绝。

而男人享受的，是一种永恒的追逐和悸动。

未曾得到的是心口的朱砂痣，已经失去的是窗前的白月光，而紧握在手的，没过多久就会腻了，只能成为墙上的一滴蚊子血、嘴角的一粒米饭。卓文君做得最正确的事情，就是没有像一个怨妇一样苦苦挽留变心的老公。她此时就像一抹即将隐没在熹微晨光里的月色，她要让司马相如知道，老娘就是你留不住的白月光，不珍惜我，那就等着后悔吧。

不得不承认，卓文君是一个勇敢智慧的女人。她可以在陷入热恋时，奋不顾身地付出一腔深情，也可以在夫君变心时，拥有转身离开的勇气。爱得起，放得下，听起来好像轻轻松松，可这是很多女孩子都做不到的。不敢轻易地进入一段感情，总是顾虑重重，害怕遇见的是渣男，害怕自己被欺骗被伤害；一旦进入感情，又患得患失，疑神疑鬼，总在思索对方是否真的爱自己；等到对方出现原则性问题了，却又舍不得放下，甚至丢掉自尊，苦苦挽留对方，或者就是毫无底线地退让，卑微到了极点。

或许我们该学一学卓文君在恋爱婚姻中的态度，敢爱敢恨，坚守底线。

9

有个有趣的现象，现在网络上有许多情感专家，专门帮助人们解答情感上的问题。他们为大多数男性解答的问题，都是如何撩到、追到一个女孩子。而为女性解答的问题则是如何挽回男朋友，老公出轨了怎么办。男性，在感情中通常扮演进攻者的角色，去寻觅，去开拓，去攻占；而女性，则是感情的守卫者，维持一段恋爱或婚姻的稳定性和长久性。

前者，是瞬间迸发式的，电光石火，激情燃烧；后者，则是细水长流式的，朝朝暮暮，岁岁年年。

我们称颂卓文君为爱奋不顾身，勇敢挣脱封建礼教的束缚，追求自由恋爱；称颂她文采斐然，以诗赋挽回丈夫的心，智守婚姻；称颂她情深义重，自此长裙当垆笑，为君洗手作羹汤。从古至今，卓文君的形象都被无限地美化了。她仿佛是一切美德的集大成者，是男人理想中的恋人和妻子。上得了厅堂，下得了厨房；斗得过小三，守得住夫郎；写得了好诗，买得起好房。但我们从未想过她也只是一个寻常女子，在面对丈夫变心时，有过怎样的无助和心痛。一个人守着空荡荡的大房子，熬过一个个没有依靠的长夜，等着一个不回家的男人。

后世之人在讲述这段故事时，不仅自动忽略掉卓文君作为一个女性在婚姻里的种种困顿和挣扎，还自动屏蔽了这段感情里的算计和背叛。它就像被改编过的童话，抹掉了其中阴暗的部分，只留下美好的片段，然后拼凑起来，用来欺骗世人和自己。我们仿佛站在云端，冷眼看着卓文君在她的爱情保卫战里奋力厮杀，将她溅上来的血迹，略加几笔，点染成了美丽的桃花。于是这个故事，依旧可以被传为一段佳话。

卓文君用心经营婚姻，让司马相如回心转意，从此不再提弃妻纳妾之事，两人从此过上了幸福的生活。这个故事到这里就说完了，听起来还算是有个相对圆满的结局。可是大多数才子佳人式的故事，总是开头美好，结局潦草。靡不有初，鲜克有终。

美女和才女的情路似乎都不太顺遂，比如江南名妓苏小小，还没等来曾与她相约"何处结同心，西陵松柏下"的阮公子，就在二十来岁的年纪香消玉殒；大唐才女鱼玄机，被两个男人相继抛弃，错付痴心一片。她们总是以一种凄婉哀艳的形象，彳亍在历史悠长又寂寥的雨巷里。她们始终困顿其中，在缠绵的细雨里彷徨了千百年。女性在感情和婚姻里的弱势地位，仿佛是冥冥之中注定的，生而为女子，便会在劫难逃。

《诗经》里都说："士之耽兮，犹可说也。女之耽兮，不可说也。"

我曾经困惑于为什么总是美女才女被辜负，后来突然反应过来，或许被辜负的，是整个庞大的古代女性群体，而美女才女只是被人关注、为人所知的一小部分。至于其他千千万万的平民女子，是不足以被提及和言说的，所以从来就没有人知道，也没有人关心，她们有过怎样的痛楚。甚至就连卓文君、苏小小、鱼玄机这样鲜活生动、充满故事的女子，都被戴上符号化了的美女面具，成了绣在绸缎上的一只鸟，永远都飞不出去。

卓文君还是那个完美女子的形象。勇敢智慧，情深义重，文采斐然。像一个美丽的标本，活在历史的画卷之上。我们口耳相传她的故事，吟诵她写下的诗赋，演绎她的人生，却再也无法还原她生动的一颦一笑，无法体会她的爱恨悲欢。或许只有如常的月色知道，这个女子在千百年前的深夜里，有过怎样的坚定决绝、温柔如水，又有过怎样的失落寂寥、长痛不息。

景步航

班　婕　妤

（ 前 4 8 ？ 一 前 6 ？ / 汉 朝 ）

别低头，王冠会掉

班婕妤

1

汉成帝看着眼前翩翩起舞的美人，笑得嘴角咧到了耳根后。

赵飞燕扭着她的小蛮腰，蛇一般地晃悠到汉成帝面前，发嗲道："皇上，喜不喜欢看妾身跳舞啊？"汉成帝笑得一脸春心荡漾，他张开手臂说："当然了宝贝，快到寡人的怀里来。"赵飞燕嫣然一笑："那你说，我和班婕妤同时掉进水里，你先救谁？"汉成帝的笑一下僵在了脸上。熏笼燃不尽的袅袅烟雾中，汉成帝的面前浮现出那个曾经被他捧在掌心如今却不知冷落在何处的女子。

她是男人心中最理想的妻子人选，美丽端庄，贤淑大方，拥有世间女子最美好的品德。

班小姐出身于名门世家，老爸班况是左曹越骑校尉，《汉书》的作者班固也是她家族中的一员。这种家庭背景的女孩子，注定了会有不平凡的一生。班小姐从小就被当作嫁入皇室的候选人来培养：她的肌肤被小心地养护着，养成了动人心魄的雪白；她的黑发被一遍遍地梳理，每根发丝都是确保无误的秀美黑亮；她吃着精致而滋补的菜肴汤羹，穿着柔软亲肤的绫罗绸缎。她如《安徒生童话》中的豌豆公主一般娇贵美丽，这是从小被悉心呵护的结果。

这样美好的容颜，将来是要被世间最尊贵的男人拥有的。

班小姐是真正的名媛，但与现在的名媛不同的是，她从来不出席任何时尚社交场合。古代有钱人家的小姐是不可以到处抛头露面的，班小姐又是恪守妇德的典范。所以她一直被养在深闺，家庭教师教她诗词歌赋，教习嬷嬷教她三从四德。良好的家庭教育使她的一举一动都自然而然地显露着大家闺秀的教养，就连打喷嚏的样子都无比优雅。生活的富足又让她始终有一种不争不抢的淡然和慵懒，这是显赫的家世给她的底气。从小时候起，任何班小姐想要的东西，都是被下人捧着送到她面前的，所以她从来都没必要去争，也不屑于去争。班小姐就这么养成了温柔敦厚的性子，永远带着浅浅的微笑。似乎世间的所有美好，都与她有关。

这一盆名贵娇嫩的花，被悉心地照料着、打理着，所有旁逸斜出的枝叶都被小心地剪掉，最终的成品被送入宫中，成为进贡给天子的最昂贵的珍宝。有花堪折直须折，莫待无花空折枝。

天子，会是个什么样的人呢？他会是个惜花之人吗？

此时班小姐的眼前是一重重朱门，华美，庄严，却不知深锁着多少如雪的寂寥。她驻足回头，一入宫门深似海，从此身后这片广阔的天空，将和她再也没有关系。入宫之后，她的全部身心，都将只交给皇上一人。也不知道未来夫君的相貌是美是丑，脾气是温和还是急躁？对很多古代的女孩子来说，结婚就是人生中最大的冒险。要和一个从来没见过没接触过的男人共度一生，都不清楚这个人是不是长得歪瓜裂枣，会不会有家暴倾向，是个花心大萝卜还是专一深情的好男人，简直比现在的网恋还不靠谱。但既然结婚了，那么不管是好是坏，都只能接受了。

可以肯定的是，"愿得一心人，白头不相离"也是班小姐理想中的婚姻。只是她很清楚，嫁入帝王家，就注定了她未来的夫君，是天底下最不可能一心一意的男人。

他会有三宫六院，会妻妾成群。作为天子，四海之内，他想要的女人，便都是他的。男人是天生的播种者，要开枝散叶，要子孙遍地。无论古今中外，或许大部分男人的心里都有过妻妾成群的隐秘想法，即便不是成群的美人，那也要一朵红玫瑰，一朵白玫瑰，一个美艳诱人，一个清纯天真。但是这总归是春秋大梦，现实中很难实现，毕竟这不仅需要法律和道德的允许，还需要个人有经济实力、社会地位、人格魅力等等。而古代帝王，恰恰符合了上述所有条件。既然如此，那当然要好好享受了。再者说，皇家需要子孙昌盛，这样才能从中选到合适的皇位继承者，那自然就需要很多的女人为帝王生儿育女，绵延子嗣。

不过也有例外。明朝万历帝为了心爱的郑贵妃，故意和一帮反对自己宠爱贵妃的老臣对着干，消极怠政，罢工了三十多年，足以见他对郑贵妃的钟情。还是明朝的皇帝，弘治帝朱祐樘，一生只娶了张皇后一人。即便他可以坐拥天下的美女，但他还是坚持着"一夫一妻制"，每天和张皇后一起起床一起入睡，朝夕与共，非常恩爱。

当真是"弱水三千，我只取一瓢饮"。

这种千载难逢的好事，实在轮不到班小姐。她要嫁的男人汉成帝，身边已是莺莺燕燕无数了。要跟那么多女人抢一个男人，真是悲哀。或许也会有一份寻常夫妻的温情吧，班小姐暗暗想道。

2

《汉书·外戚传》中记载，班小姐进宫没多久就被封为婕妤。婕妤是后宫嫔妃十四等中的第二等，身份非常尊贵。能够从后宫三千佳丽中脱颖而出，可见班小姐的魅力是很大的。

但班小姐对于这突如其来的宠爱，有些稀里糊涂的。她心想，都说要不停地在皇上面前刷存在感，才能被皇上记住，才有机会得到宠幸，可我什么也没做啊。的确，班小姐只是安安静静地当着一个美女，从来也没有耍手段争过宠。当别的嫔妃都在争先恐后地献媚于汉成帝时，班小姐只是云淡风轻地捧着《诗经》，坐在院子里静静地读书。

汉成帝早已习惯了被一群女人高高地捧在天上，习惯了被她们小心翼翼地讨好逢迎，无论自己说什么干什么，那些女人总是一迭声的"皇上英明，皇上说得对，皇上做得好"。那些女人是好看的，是温顺的，是男人都会喜欢的。可是千篇一律，毫无个性可言，实在有些没意思。汉成帝皱着眉，绕开那一群庸脂俗粉，一个人闲逛着。

这时他就看见了捧着一本书的班小姐。院中簌簌落下的梨花洁白如雪，落在班小姐的眉心却仿若无物。汉成帝看见此情此景，不由得痴了：哪里来的仙女，果然和那些妖艳货色不一样。后宫之中总是乱花渐欲迷人眼，可班小姐是姹紫嫣红中的一抹纯白。

汉成帝心动了：少女，你成功引起了寡人的注意。

其实那时的汉成帝并没有多大心思放在女人身上，因为他正烦得一塌糊涂。这位皇帝在历史上虽然是因为荒淫无度而出名的，但他在当上皇帝之前，也还是一个纯洁的少年。汉成帝名叫刘骜，从小就接受了皇家优良的教育。他的爷爷汉宣帝很是疼爱这个嫡皇孙，经常让他在膝下玩耍。汉元帝继位后，刘骜便被立为太子。

不过要成为皇位接班人，也是挺累的。诗赋策论，纲常伦理，弓马骑射，样样都得学。还好刘骜也算争气，成年后的他好读经书，宽博谨慎。有一次他的老爸，也就是汉元帝，有急事召见刘骜。既然是急召，那抄个近路想必也无妨。但是刘骜非常守规矩，他没有为了抄近路赶时间就横越皇帝专用的道路，而是绕了一大圈才来面见汉元帝。那时的他时刻谨记着，父子之情的上面，还有君臣之礼。

刚当上皇帝的刘骜勤勤恳恳地批阅奏章，朝乾夕惕，起得比鸡早，睡得比猫头鹰晚。那时的汉成帝，还并不是我们印象中荒淫无度的昏君。《汉书》中记载他提倡宽大，自我勉励："崇宽大，长和睦，凡事知己，毋行苛刻。"

但没多久汉成帝就感到了深深的疲惫。每天累得要死要活，但每到做重大决定的时候，还是得向他的老妈请示。第一次当皇帝，他也没啥经验，而且刚即位的汉成帝根基还不稳，只能听他妈妈的话。他的老妈王政君就是个跟慈禧太后差不多的狠角色，虽为女子，却有着掌舵王朝巨轮的野心，手里握着生杀予夺的大权。毕竟她在宫廷中摸爬滚打几十年，一路过五关斩六将，PK掉了多少同样觊觎这个位置的嫔妃，最终当上了皇太后，手腕那是没的说。再者说来，王太后手上有着重要的人脉资源，朝中很多身份尊贵、拥有话语权的老臣都是她的心腹。

汉成帝觉得，自己这皇帝当得太窝囊了，仿佛就是个工具人，作用就是坐在龙椅上当他老妈的传话筒。臣子们上奏的大事小事，汉成帝都得看他老妈的眼色做决定。他老妈说一，他就不敢说二。汉成帝这么一直被王太后压制着，心里自然不痛快了。

这时候解语花班婕妤就上线了。宫中貌美的女子就像花儿一样开不尽，但是大多数美女也只是美则美矣，毫无灵魂，天天只知道争风吃醋，钩心斗角。都说三个女人一台戏，那么后宫中的三千佳丽，每天都可以上演无数场狗血的宫斗大戏了。

但是班婕妤是独特的，她就像是一股清流，注入了后宫的这一潭浑水之中。她那么纯白如雪，那么温柔似水，那么善解人意。汉成帝从看见她的第一眼起，就感觉到了一阵舒适。这一朵春天里的梨花，就这么轻轻柔柔地落入了汉成帝的心里。她在汉成帝最烦闷的时候出现，没有早一步也没有晚一步，一切都刚刚好。

史书上并没有言明汉成帝和班婕妤相遇时各自的年纪，但这两人的相处方式，很有可能和姐弟恋差不多。班婕妤成熟稳重，而汉成帝有些小孩子心性。每当他有想破脑袋也想不通的事的时候，班婕妤就会像知心大姐姐一样，对他说，来，皇上，让臣妾给你讲个故事吧。班婕妤从小读了很多书，简直就是一个移动的人形故事库。她给汉成帝讲那些遥远的忠孝节义的故事，也给他讲奇奇怪怪的传闻逸事。古书上的人物在班婕妤的口中好像活过来了一般，那些被娓娓道来的传世箴言和亘古不变的道理，一次次地解开汉成帝的心结。他就像小朋友一样，常常托着腮听班婕妤大姐姐讲故事。

班婕妤的成熟，并不是历经世事、饱经沧桑的成熟。相反，她是一块未经雕琢的璞玉，是一张干干净净的白纸。班婕妤的通情达理，都来自她待字闺中时所读过的诗书经卷，至于书中所说的种种，她是完全没有经历过的，班婕妤从小就被家人保护得很好，她对这个世界的认知，全部源自书中。的确是知书达理温婉可人的女子，却也少了一份情趣。只是那时汉成帝对班婕妤正在兴头上，新鲜劲还没过去，她的美丽、温柔、善解人意，都让汉成帝欲罢不能。

而班婕妤也对眼前这个男人产生了无限的柔情。高高在上尊贵无比的君王，却在她这里变成了一个寻常少年，卸下了所有的防备，就这么静静地听她讲故事。班婕妤看着这个凝神的少年，心想或许这就是岁月静好的样子吧，帝王家也会有一份难得的真情。

那时的他们，还是度过了一段很美好的时光。

3

汉成帝变成了一个黏人精，天天都想和班婕妤腻在一起。为了能和她形影不离，汉成帝专门召集能工巧匠，让他们造了一辆大辇车，想每天和班婕妤同车出行。然而按照汉朝的礼制，皇后妃嫔是不可以和皇帝乘坐同一辆车出游的。但是任性的汉成帝才不管，他心里想的都是，我要每时每刻都和我亲爱的班婕妤待在一起。

于是他高高兴兴地拉着班婕妤，给她展示这辆豪华辇车。宝贝，以后你就和我一起坐着这辆豪车兜风吧，我去哪儿你就去哪儿。让汉成帝万万没想到的是，班婕妤竟然拒绝了他。她对汉成帝说："皇上啊，你看古代流传下来的画卷上，明君身边都是贤臣，而亡国之君夏桀、商纣王和周幽王身边才是受宠的妃子。你要我和你一同坐车出行，那你不就和这些昏君一样了吗？"

班婕妤的这番话被史书专门记录了下来，而她拒绝汉成帝的举动也被称赞为"却辇之德"，传为一段千古佳话。可是对班婕妤本人来说，作为一个女人，她真的不希望和汉成帝乘车同行吗？这可是丈夫莫大的宠爱啊。没有哪个女人不希望得到丈夫独一无二的宠爱，哪怕是雷厉风行的事业型女强人，也会在所爱的男人面前变成一个撒娇的小女孩。

可是班婕妤拒绝了。理由是为了合乎宫廷礼制，为了成全汉成帝的贤明。她时刻谨记的是书上教给她的道理和规矩。或许那一刻班婕妤生生克制下了想要接受汉成帝情意的心，用最知礼数识大体的态度，拒绝了这一份来自丈夫的宠爱。班婕妤的却辇之举，表达的意思就是，君臣之礼，永远越过夫妻之情。

客观来说，这个举动是值得赞扬的。从这件事上足以见得班小姐是一个很有原则的女人。她的原则，就是合乎礼制。哪怕面对的是天子，她都不是毫无底线地顺从。连枕边人都忽略了班小姐柔婉之中的硬气，温厚之下的棱角。

班家出过不少骁勇善战的将士，如东汉名将班超、征战西域的班勇。这种深埋家族血脉中的武将之风，也让班小姐拥有了一种与生俱来的坚毅和决绝。只是她被培养得宜的淑女气质，大多数时候都能很好地掩盖这一份不该在陪伴君王时显露出来的锐利。所以甚至班小姐自己都没有察觉到，她绵里藏针的一丝锋芒。而她良好的出身，又给了她一份底气，让她即便在面对皇上的时候，都可以不卑不亢，直言不讳，甚至当着一堆宫女太监的面，教育了汉成帝一通，差点让堂堂的天子当众下不来台。

面对班婕妤的一番慷慨陈词，汉成帝只能露出一个尴尬又不失帝王风度的微笑，谁叫人家班婕妤说得在理呢。就连他的老妈王太后听说这事之后，都对班婕妤大加赞赏："我儿媳妇真不错啊，古代有贤德的樊姬，我朝有班婕妤，儿子你就听着点你媳妇的话吧，别胡闹了。"

王太后口中的樊姬是谁呢？她就是春秋时期楚庄王的妻子。楚庄王才即位的时候，并不是个贤明勤勉的君主，而是天天在外面打猎，游手好闲，不务正业。樊姬苦口婆心地劝丈夫，但完全没用。樊姬是个狠人，她下定决心不再吃禽兽的肉，一生如素。楚庄王终于被妻子感动，改过自新，变得勤于政事。可以说，是樊姬助楚庄王成了"春秋五霸"之一。所以王太后将班婕妤比作樊姬，是给了她这个儿媳妇很大的认可和赞赏。

老妈都发话了，汉成帝也只好打消这个念头。但他心里是有点不爽的，怎么这个女人这么不解风情啊，一点也不懂浪漫。以汉成帝的主观角度来看，班婕妤的确是挺无趣的。宫廷礼制，的确是用来约束君王行为的。可是汉成帝首先是一个男人，其次才是一个君王。对一个男人来说，当他对心爱的女人付出物质或是精神上的爱时，他是希望对方能给出一个肯定的回应的——让所爱之人开心，自己也会获得极大的成就感和满足感。而不是像班婕妤这样，给出一番说教，再冷冰冰地拒绝。

　　当然了，班婕妤的出发点是好的。她一直期盼着汉成帝能心智成熟一些，快些拥有一个帝王该有的担当。她心里想的都是，我这是为他好。可是班婕妤没有意识到，男人至死是少年，他们只会老去，却永远不会长大。

4

　　慢慢地，汉成帝开始放飞自我了。他心想，我妈总是干涉政事，还说我干啥啥不行，这皇帝当得也忒没意思了，不如好好玩一玩，既然我妈想管事，那就都交给她管吧。

　　班婕妤是贤妃樊姬，可汉成帝不是明君楚庄王。春天过去了，梨花也都凋落了。汉成帝对于端庄持重的班婕妤，开始有了厌倦的情绪。每次他想拉着班婕妤一块寻欢作乐的时候，班婕妤总是严词拒绝，还老苦口婆心地劝导汉成帝："皇上啊，你要少喝酒少熬夜，多读奏折多看书啊。"汉成帝听了有些不高兴：我是要找个能陪我开心的妃子，又不是再找个老妈处处管着我。久而久之，汉成帝便觉得班婕妤的贤惠和纯洁有些无聊了。她的美丽贤淑虽然能够慰藉君王，却不能带来刺激感官的愉悦。汉成帝已经尝到了自我放纵的快乐，人一旦开始堕落，便难以回头了。

班婕妤心里有着深深的失望。她原来以为自己能够担任汉成帝的贤内助，辅佐他成为贤明的君主，可是现在，看着纵情声色不理朝政的汉成帝，班婕妤的心一沉到底：皇上啊，你变了。

君王的轿辇，已经很久没有在班婕妤的宫殿门口停下了。汉成帝好像只是短暂地爱了班婕妤一下。

红颜弹指老，未老恩先断。宫中没有恩宠的女人总是老得很快，青春的容颜一下就被似水流年洗褪了颜色。可是宫中最不缺的就是青春，新鲜的佳人被一拨拨地送进来，眉眼生动，红唇润泽。一个妃嫔的资质再好，如果不去主动争取，不去在皇帝面前刷一刷存在感，那也很难在一众美人中脱颖而出，拥有长盛不衰的恩宠。

可是班婕妤还是一副人淡如菊的样子，一身清冷，粉黛不施。她还是捧着一本书坐在花树下静静地读，只是再也没有汉成帝在一旁偷偷地看她了。曾经让她赢得了圣心的种种，如今却成了汉成帝疏远她的理由。班婕妤那么敏锐聪慧，怎么会没有察觉汉成帝的疏远呢？她为他抚琴时，他的表情不再沉醉；她为他讲故事时，他眼神游离。还有他越来越冷的目光，越来越少的召幸，越来越不耐烦的回应。心变了怎么会不明显。可班婕妤也是有脾气的，她觉得自己并未做错什么，也不需要改变什么。班婕妤从来就是一切随缘的性子。汉成帝把她宠上天的时候，她是一副无所谓的样子；恩宠淡薄的时候，她还是一副无所谓的样子。

既然不爱了，那就算了吧。

古代男人喜欢的，到底是怎样的女人呢？史书上所称赞弘扬的女子品德，包括贞洁、贤淑、端庄、温柔、坚忍等等。按照这样的标准，班婕妤绝对是个好女人，是应当得到夫君的尊重和爱惜的。可惜的是，班婕妤所嫁的人是汉成帝——一个本身并没有基本自我道德约束的男人，所以他也并不会看重和珍惜班婕妤那些美好的品质。而且汉成帝作为一位帝王，拥有着千里江山、锦绣荣华和无上的地位。天下女子，他想要谁得不到？

"专情"二字对帝王来说，像极了一个玩笑。

含蓄淑雅、知书达理的大家闺秀，固然是后妃的理想人选，会对君王的修身养性有所助益，可是汉成帝所追求的，并不是成为一位贤明的君主。他要的是及时行乐，是酒色财气，是自我堕落和一时放纵的快感。所以不管班婕妤有多好，她都不能够使汉成帝抵御住声色犬马的诱惑。

再者说，对汉成帝来说，家花不及野花香。班婕妤这种好女人，是专门放在家里相夫教子的。史书上所记载的班婕妤，种种行为都十分符合一个贤妻的标准形象，她是女子美德的集大成者。班婕妤很少拥有小女儿家的情态，她从一出场起，便散发着成熟女性的光辉。人们可以想象赵飞燕对着汉成帝发嗲的样子，却想象不出班婕妤对着汉成帝撒娇的样子。对长不大的汉成帝来说，班婕妤甚至带有一丝母性色彩，永远像老母亲一样为他操着心，劝导他，宽慰他，包容他。但作为一个已经拥有了一切的男人，汉成帝永远都在追求着新鲜感和刺激感，他要的，不是第二个妈。

汉成帝更需要的，是拥有小三属性的女人——娇媚诱惑，风情万种。这种女人总能让男人感到轻松愉悦，能让男人抛去道德礼教的条条框框，百无禁忌，放浪形骸。

赵飞燕就是汉成帝在宫外采摘的第一朵野花。

5

汉成帝越来越觉得班婕妤挺没意思的，于是他开始以微服出访为由，出宫找乐子。那天他心血来潮，去阳阿公主的府邸玩。就是在这次公主安排的家宴上，汉成帝遇到了绝代佳人赵飞燕。

赵飞燕是历史上非常典型的红颜祸水，留下了不少骂名。然而她的身世非常悲惨，让人怜悯。赵飞燕出身于一个贫困家庭，父亲是官府家奴，这和班婕妤的家世形成了两个极端。没有钱没有地位也就罢了，她甚至还差点没了命。赵飞燕的爸爸一看是个女娃，就狠心将她抛弃了。然而命大的她，在挨冻挨饿的情况下，竟然活了下来。三天之后，她的妈妈发现赵飞燕竟仍有一丝气息。到底还是不忍心，毕竟是身上掉下来的一块肉，便将她带了回去。赵飞燕这才捡回了一条命。

那时她的父母根本不会想到，这个被丢弃的女娃，未来有一天，居然会迷倒天子，宠冠六宫，甚至母仪天下。

后来赵飞燕越长越美丽，便被选入公主府当舞女。翩翩起舞的赵飞燕，就如同一剂行走的春药，再纯良的君子面对她，恐怕都很难做到坐怀不乱，更何况是天生轻浮、贪爱美色的汉成帝。赵飞燕舞动的腰肢、肩膀、手臂，无一不在充满诱惑地邀请。她流动的眼波，妩媚的微笑，时时刻刻都在勾引着男人犯罪。汉成帝看她跳舞看得是眼睛也直了，口水也快流出来了，当天晚上就迫不及待地派人把赵飞燕带回了宫。

果不其然，一夜春宵后，赵飞燕让汉成帝尝到了销魂蚀骨的滋味。

汉成帝听说赵飞燕的妹妹赵合德也是个大美女，就想将合德也接进宫来，坐享齐人之福。于是他专门派人驾着百宝凤毛步辇去接赵合德，还带了一堆礼物。汉成帝挺自信地想，自己专程派了皇家的豪车去接，这排场，这架势，哪个女孩拒绝得了？可他万万没想到，赵合德居然断然拒绝了他，理由很简单：皇上是我的姐夫，我怎么能和姐姐抢男人呢？除非我姐同意，不然我死也不入宫。

赵合德并不是真的顾及什么姐妹情分和道德伦理，而是使了一招欲擒故纵。得不到的永远在骚动，汉成帝对于这个欲迎还拒的美人更加渴求了。几天之后，赵合德才"勉强"答应进宫，春风一度后，被吊足了胃口的汉成帝终于得偿所愿。

从此，后宫就成了这两姐妹的大卜。汉成帝对这两个美人是无比地宠爱，天天就是和她俩在一起。飞燕、合德虽然没上过学，也没读过几本书，但她们驾驭男人很有一套，把坐拥四海的天子都迷得不行。这两姐妹如果开设一门研究驭夫的课程，一定会受到许多女性的疯狂追捧。

这时候汉成帝已经将曾经非常宠爱的班婕妤完全抛在了脑后。毋庸置疑，班婕妤和赵氏姐妹这样身怀奇技淫巧的女子相比，就显得十分乏味无聊了。不仅对汉成帝来说是这样，对后世的"吃瓜群众"而言更是如此。这就像在娱乐圈里，相比老老实实唱歌演戏的艺人，人们会对那些八卦新闻不断的明星更感兴趣。我们记下了飞燕合德两姐妹，因为她们的香艳风流，再加上野史中所记载的赵氏姐妹令汉成帝欲仙欲死的房中术，这些都极大地满足了人们想要窥探帝王私生活的隐秘心理。

赵飞燕扭动着她纤细的腰肢，不眠不休地跳着惊鸿的舞蹈，诱惑着汉成帝，也诱惑着世人。江湖上始终飘散着她们的传说。她们的形象，也被后世之人不断地演绎，于是死去千年的美人一次次地活过来，又有了生动的眉眼，巧笑倩兮，顾盼生情。然而班婕妤，作为一个道德品行上无可挑剔的好女人，在被贴上贤妃的标签后，就变成了一抹浅淡的剪影，落寞地飘忽在历史深褐色的幕布上。从来就没有聚光灯来照亮她的美，让她站在舞台的正中央翩然起舞。

再后来，赵飞燕登上凤座，完成了从弃婴到皇后的完美逆袭。赵合德也集万千宠爱于一身，风头甚至压过姐姐。赵氏姐妹恃靓行凶，枭霸后宫数年，荣华富贵享之不尽。而在她们最得意的时候，班婕妤已许久不见汉成帝，独自在深宫落寞。

坏女孩得到了一切，而好女孩只得到了一个"好"字。

班婕妤自然是有她的光芒的，然而她的这种光芒，从一开始就是在照亮别人。她是班家的荣耀，是汉成帝的妃嫔。她为了家族而活，为了天子而活，却从来没有为了自己而活。她在史书里，甚至都没有自己的名字。婕妤，是古代嫔妃的等级，地位仅次于皇后和昭仪。人们始终将她和汉成帝捆绑在一起，好像她的一生是因为汉成帝才有了意义。她在历史上留下的只言片语，都只和这个男人有关。

此时的班婕妤正幽居在深宫。红颜未老恩先断，只能夜夜斜倚熏笼坐到天明。她每天做的事，就是读书或者抚琴。她想起了曾经也勤勉过的汉成帝，常常秉烛夜读，而她则是红袖添香在侧，陪着汉成帝熬夜，为他研墨添茶。等他批阅完奏章，两个人就一起吃个夜宵，倒也是甜甜蜜蜜。她还想起汉成帝每次心情不好的时候，她就为他演奏丝竹。从小研习音律的班婕妤就是个移动的中华曲库，随便汉成帝点播什么歌曲，班婕妤都能让他沉醉在悦耳的音乐声中，一解千愁。

可是现在，她已经很久没有踏进过汉成帝的书房了。皇上如今只爱看赵氏姐妹跳舞，恐怕很久都不进书房了，想来当时用来研墨的砚台都已落灰了吧。班婕妤明明仍拥有青春韶华，却觉得自己也沾染了一身灰尘。那大概是时间的蝉蜕，是无数死去的回忆的尸体。

宫中一日，人间百年。

班婕妤的宫殿很静，静得似乎能听见汉成帝和赵氏姐妹的嬉笑声。随他们去吧。

门前的落花也没有宫人去扫，或许她们都赶着去巴结新受宠的妃嫔了。随她们去吧。

只是落花落得满地都是，院子里乱糟糟的，又添凄凉之色。也随它们去吧。

寂寞空庭春欲晚，梨花满地不开门。

6

其实美丽温柔又多才多艺的班婕妤，是有资本把皇上迷得七荤八素的。可是她读过的诗书，并没有教她该如何留住男人的心，只教会了她恪守妇德，谨遵君臣之礼。不过就算现在有一本《教你一周挽回男人心》放在她的面前，按照班小姐的脾气，她也不会翻开这本书的。

班婕妤高贵的出身让她始终带着一种骄傲，她不屑于用心机手段去讨好。她曾经接受过的良好教育，告诉她勾引、狐媚、诱惑，都是坏女人才做的事情。大家闺秀就要有大家闺秀的样子，端庄得体，谨慎守礼，压抑下七情六欲，去维持一份体面。再者说，从班婕妤小时候起，世间的好东西她就已经都得到了，她从来都不需要去汲汲追求，去苦苦争取。

而赵飞燕，从她小时候被抛弃那一刻起，就注定了她这一生都要为了想得到的东西而拼命争取。就连自己这条命，都是苦熬过不吃不喝的三天三夜争取来的。再加上她的爸爸是官府的家奴，从小她就跟着她爸学会了逢迎讨好，学会了怎么让主子舒服满意。她懂得男人心，懂得男人爱的是什么，然后最大程度开发自己的美丽，千娇百媚，尽态极妍，让汉成帝意乱情迷。

班婕妤和赵飞燕，就像电影《画皮》中的王夫人和狐狸精小唯。王夫人是那么贤惠淑雅，小唯却是天生的诱惑的高手。王生再忠诚、再深爱自己的夫人，也会梦到和小唯一夜缠绵。谁拒绝得了狐狸精呢？

赵飞燕和赵合德听说了班婕妤曾经是汉成帝喜欢得不得了的女人，便将她视为眼中钉。即使班婕妤根本懒得和她们争宠，这两姐妹也还是要搞点事情出来。鸿嘉三年（前18），许皇后的姐姐施行巫蛊之术诅咒后宫有孕妃子的事被告发了，赵飞燕便拿这件事大做文章，使劲给汉成帝吹耳边风，充分发挥了装柔弱装可怜的技能："皇上啊，臣妾真想多活几年陪伴您，可是许皇后她们居然在背后扎小人诅咒我。臣妾真担心自己命薄，无福再侍奉您，这可怎么办呀。"说完一番梨花带雨，泪美人般倚靠在汉成帝怀里。这可把汉成帝心疼坏了，王太后得知此事后也大怒。汉成帝都不容许皇后辩解半句，便下令褫夺皇后之印，即刻废后。

赵飞燕成功扳倒了许皇后还不够，又诬赖班婕妤也参与了下蛊诅咒自己，想要将汉成帝曾经的心头好斩草除根。汉成帝虽然是个渣男，但他还是顾念曾经和班婕妤度过的朝朝暮暮，有些于心不忍，便给了班婕妤一个解释的机会。

班婕妤无比冷静地回答汉成帝："妾闻'死生有命，富贵在天。'修正尚未蒙福，为邪欲以何望？使鬼神有知，不受不臣之诉；如其无知，诉之何益，故不为也。"

这段话的意思就是：皇上，你知道的，我一向行事端正，可我尚且过得不幸福，如果还去做坏事，那就更不会有啥好结果了。

再说了，假如鬼神有知，那就不会听信邪恶的诅咒；假如鬼神无知，那向鬼神诉说一点用都没有。所以，施行巫蛊诅咒的事，我是绝对不会做的。

班婕妤这一番慷慨陈词，逻辑严密，条理清晰，把汉成帝说得又羞愧又自责，心想自己真是昏了头，居然冤枉这么贤德的班婕妤。于是他对班婕妤说，爱妃啊，是寡人不好，这些日子冷落了你，今日还错怪了你，寡人得好好补偿你才行。说完便派人赏了班婕妤黄金百斤。站在一旁的赵飞燕气得脸都歪了，这次没能扳倒班婕妤，反而让皇上给了她那么多赏赐。这一局，自己实在输得很彻底。

而班婕妤，虽然得了丰厚的赏赐，但她一点也开心不起来。皇上听信谗言，无缘无故地怀疑自己，这让她深深体会到了什么叫伴君如伴虎。而让她更为心寒的是，皇上似乎完全忘了旧日的缱绻恩情。这男人的心，变得也忒快了。真是但见新人笑，不闻旧人哭啊。班婕妤苦笑着摇了摇头，走到梳妆台前端详着自己的脸。

镜中的容颜依旧美好，只是因为终日没有欢颜而多了几分憔悴。玉颜不及寒鸦色，犹带昭阳日影来。或许只要班婕妤愿意柔媚一些，学学"撩汉技能"，汉成帝的心还是能回到她身上的。可是班婕妤根本不屑于去争宠，她是个心气极高的女人，不愿意为了一个已经不爱自己的人低到尘埃里。况且她已经看透了，君王的垂怜和宠爱也不过如此。

君恩恰似东流水，薄情最是帝王家。

宫里女人平时也闲得没事做，她们的主业就是争宠，天天想着法子讨好皇帝。像班婕妤这样懒得争宠的，就相当于一个无业游民。长日幽居深宫，实在无聊。不过还好，班婕妤发展了一些个人爱好。作为一个腹有诗书的女子，写诗作赋是个排遣寂寞的好办法。于是班婕妤就写下了这首奠定她宫廷才女地位的《怨歌行》。秋风起时，夏日里用作驱散炎热的团扇便被闲置了。就像她自己，如今已不再被汉成帝捧在手心。

新裂齐纨素，皎洁如霜雪。

裁为合欢扇，团团似明月。

出入君怀袖，动摇微风发。

常恐秋节至，凉飙夺炎热。

弃捐箧笥中，恩情中道绝。

深宫之中女子的怨恨，从来就没有断绝过。或者说，自古以来万千女性的恨，从未断过。男人的国恨家仇，可以拿起刀剑去拼去杀，哪怕拼个鱼死网破，也是痛痛快快，酣畅淋漓。可是那么多女人的恨，都是冲着自己所爱的男人的。被背叛，被辜负，被抛弃，可又能怎么办呢？她们只能把这些幽怀娇恨，一一吞咽下，或是慢慢积攒着。层层叠叠，一重义一重，将自己都淹没了。可是少有男人，会因为一个女人幽怨的哭诉和无尽的眼泪而重新回到她的身边，他们只会更加嫌恶。弃妇心中怨，而怨妇又遭弃，这仿佛是一个恶性循环，千百年来，搅扰着那么多女人不得安宁。

那就远离他，珍爱生命吧。班婕妤仍想保持一份体面，转身的时候要潇洒一点，可千万不要回头苦苦挽留了。

那边的赵飞燕仍然对于汉成帝重赏班婕妤的事耿耿于怀，还想着找个碴除掉昔日的情敌。聪明的班婕妤很清楚赵氏姐妹不会轻易放过自己，得想个办法保全自身才是。皇上是指望不上了，那谁还能罩着自己呢？这时候班婕妤想到了一直对自己欣赏有加的王太后。于是班婕妤就写了一篇奏章，自请前往长信宫侍奉王太后。把皇上他妈妈伺候好了，料想赵氏姐妹也不敢轻易为难自己。从此以后，都可以远离后宫女人钩心斗角的旋涡了。

只是这样一来，怕是以后都与君王的宠眷无缘了。

7

我常常在想，作为帝王的嫔妃，怎样的结局才算得上相对圆满呢？似乎一个女人只要嫁入帝王家，便没什么获得幸福的可能性了。要么在宫斗中死于非命，要么被皇帝冷落后孤独终老，更惨的是，皇帝要是死得早，还得陪葬。即便是活着的时候，要跟那么多女人争夺一个男人的爱，想想都心累得慌。如果足够幸运，一时成为最受宠的妃子，那么又会成为众矢之的，要时刻提防着被别的嫔妃陷害，恐怕睡觉都要睁着一只眼。

既然如此，那为什么古代那么多女孩子都挤破了头想入宫呢？或许入宫，就相当于女孩子们的科举考试，给了她们走上人生巅峰的机会。这些女孩子身上背负着整个家族的兴衰荣辱。如果足够幸运，能成为皇帝的宠妃，哪怕只是短暂的几年，那也能够一人得道，鸡犬升天，给整个家族带来至高无上的荣耀。

汉成帝的爸爸的爷爷的爷爷汉武帝，曾有过一个让他念念不忘的女人，名号为李夫人。相传李夫人姿容胜雪，倾国倾城，得到了汉武帝无尽的宠爱。大概是老天爷太嫉妒她的美貌，让她年纪轻轻就得了重病。在她缠绵病榻之时，汉武帝曾去探望她。照理说皇上来看自己，是多少嫔妃求之不得的事，但是李夫人居然不让汉武帝看到自己的样子，只因她想令武帝只记得她病前蝾首蛾眉的美好容貌。要是皇上看到自己憔悴的病容，不免会心生厌恶，如此又怎能顾及旧日恩情多多提携自己的兄弟呢？所以李夫人一直以被蒙面，至死不愿见武帝。

正如李夫人所说，以色事人者，色衰而爱弛，爱弛则恩绝。

宫墙外的女孩们对宫墙内充满了幻想和期盼，那里是她们心中绫罗珠翠堆砌起来的梦幻世界。可她们并不知道，那里面深锁着多少不为人知的痛楚。

班婕妤就在这种痛楚中度过了她失宠的后半生。在月色清冷的秋夜，她听着宫女的捣衣声，在幽深的宫闱中写下了《捣素赋》：

若乃窈窕姝妙之年，幽闲贞专之性，符皎日之心，甘首疾之病，歌《采绿》之章，发《朱山》之咏。望明月而抒心，对秋风而掩镜。闻绞练之初成，择玄黄之妙匹，准华裁于昔时，疑形异于今日。想骄奢之或至，许椒兰之多术。薰陌制止之无韵，虑蛾眉之为愧。怀百忧之盈抱，空千里兮饮泪。侈长袖于妍袂，缀半月于兰襟。表纤手于微缝，庶见迹而知心。计修路之遐宣，怨芳菲之易泄。书既封而重题，笥已缄而更结。惭行客而无言，还空房而掩咽。

因于玉楼金阙之中的官女们，纵然有着窈窕之姿，姣美之色，贞洁之性，情好之愿，却无法与心爱之人相守相伴，只能空守着渐老的芳华，在重重宫墙中无日无夜地捣素浣衣。而班婕妤即便地位尊贵，远胜于官女，却也和她们一样孤寂，一样落寞。

都是可怜人罢了。

几年之后，汉成帝因为纵欲过度，死在了赵合德的床上。班婕妤得到这个消息后，有过一瞬间的失神。这个带给过她快乐也带给过她伤痛的男人，就这么不体面地走了，那么她的一生，也算是结束了。她班婕妤为汉成帝而生，亦为汉成帝而死。她此时内心无比平静，她对王太后说，臣妾自请到皇上的陵墓去陪着他，当个守墓人，了此残生。

从此以后，班婕妤便守着冰冷的石人石马，在无边无际的黑暗里攒眉千度。直到临死前，她都在思考一个问题，自己一直在努力做个好女人，可为什么还是没有得到幸福？从小学习的女子品德，要她包容，要她隐忍，要她贤良淑德，要她端庄自持，这些她都做到了，却依旧没有得到爱。

她孤寂的身影被刻在历史的石碑上。后世的人仍然在称颂着她的贤德。作为古代女德班的优秀毕业生，班婕妤的一颦一笑、一言一行，都太符合三纲五常。她像极了一枚精美的蝴蝶标本，被钉在镶着金边的玻璃框里，被观赏者赞叹不已，却也独自哀婉着。

她是给王侯将相做陪衬的万千女性中的一个，因为她过分的美丽，过分的才气，以及过分的贤德，她在历史上留下了一个完美得近乎虚幻的形象。可是没多少人关心她的落寞。好女人的"好"，后面却藏着无数的委屈和自虐般的隐忍。

中国古代千千万万的女子都背负着这种伤痛。她们络绎不绝地行走在一条狭长的小路上。满头沉重的珠翠是美丽的枷锁，被缠过的三寸金莲让她们走得更加迟缓。她们低眉敛目，缄默不语，就这么行走了千年。她们从未有过放肆的呐喊，只有无声的挣扎和零星的叹息。甚至就连这叹息，都那么婉约含蓄，那么小心翼翼，像是怕惊扰了谁似的。为了把一份美好展现给世人，多少累和痛，都要自己忍着。

或许来生，不必再做个好女孩。

景步航

蔡 文 姬

（ 1 7 7 ？ － 2 4 9 ？ / 汉 朝 ）

地狱模式怎么玩

蔡文姬

1

帐外的风呼呼地刮着，身旁躺着的左贤王鼾声如雷。

蔡文姬又失眠了。这些年来，她从未拥有过一个平静好梦的夜晚。

她叹了口气，怎么能有人发出这么响的呼噜声呢？都说食不言，寝不语，这胡人倒好，睡着了比醒着的声音都大，吵得人头都快裂开了。到底是蛮族，真是粗野。

多少次，蔡文姬都恨不得用枕头堵住这个男人的口鼻。她仅仅是嫌弃他吵得自己睡不着觉吗？可是他没来过夜的那些晚上，蔡文姬也还是辗转难眠。异乡的明月，格外清冷。蔡文姬悄悄地披衣而起，走到帐外。如今已是春天了，想来家乡应是处处温暖，万物温柔，但大漠的风怎么还是这么冷和硬？蔡文姬已经很久没有经历过春天了。

或许杨柳早已又染绿了江南岸。

可是春风从来都吹不到玉门关。

也不知明月，何时能照我还？

胡地的风永不停息地号叫着，就好像蔡文姬想要回家的心思，一刻也不曾停止。是她的幻听吗？风里好像夹杂着熟悉的旋律。蔡文姬回忆了一下，这是小时候娘亲哄自己睡觉的歌谣。一定是戍守边关的将士也想家了，所以在冷月无声寂寞如雪的夜里，他们横笛唇边，暂遣乡愁。

　　这是蔡文姬来到胡地的第一年，也是她生命中最痛最难挨的一年。胡人说的话，她一点都不懂，没有人可以听她倾诉伤痛，更没有人可以向她施以援手。就好像孤身一人流落荒岛，重重的寂寞，重重的绝望，把人都吞没了。一眼望不断的，是铺天盖地的黄沙尘土；马蹄踏不到的，是归梦难成的遥远家乡。

　　也许有朝一日，能回到自己的家乡吧。可是回家了又怎样呢？都说有亲人的地方才是家。可是爹爹和娘亲都已经故去，家中已无至亲。想到已经逝世的爹娘，蔡文姬的眼泪又忍不住夺眶而出。

　　我早就没有家了。

2

　　月亮又圆了。

　　蔡文姬再一次想起家人，想起那段还有家的日子。

　　她的爸爸叫蔡邕，字伯喈，是东汉名臣兼大文学家。蔡伯喈是一个很有才能的人，他不仅在工作之类的正经事上表现杰出，还将各种业余爱好发展到了王者级别。风雅之人自然离不开琴棋书画这几样了。蔡邕喜欢弹琴，极通音律。中国"四大名琴"之一的焦尾琴就是他制作的。除了捣鼓古琴，他还喜欢写写文章作作诗。蔡邕只是闲来无事随便写写，怎奈自己实在太有才了，一不小心就在辞赋上取得了极高的成就。除此之外，他还是个"平平无奇"的书法小天才。有次偶然看到修门的工匠用帚子蘸白粉刷字，他便灵光乍现，创造了"飞白书"。以"飞白"写就的字，笔画中夹杂丝丝白痕，就像是枯笔所写，别有韵致。王羲之、欧阳询等书法大咖都是"飞白"的忠实粉丝，一个接一个地为它打call（支持）。

蔡文姬刚出生那会儿，蔡邕的仕途并不算得意。他虽然博学多才，在政事上也颇有见解，但他性格太耿直，一言不合就向汉灵帝上奏折，一会儿说这个宦官贪赃枉法，一会儿说那个政策不合时宜。如果汉灵帝是个有着雄才大略、励精图治的好皇帝，那蔡邕说不准会被重用。问题就在于汉灵帝是个昏君，智商不足，能力也不够。诸葛亮都忍不住在《出师表》中吐槽他："未尝不叹息痛恨于桓灵也。"

那些被蔡邕弹劾的官员，一看到蔡邕就头疼，全都恨死他了。得罪了一帮同事，蔡邕的日子很不好过，他接二连三地被陷害，汉灵帝又不罩着他，于是蔡邕一会儿被远黜塞北的朔方郡，一会儿逃亡到江南，在吴地一待就是十二年。祖国大江南北的风光，全让蔡邕在逃跑的路上领略尽了。

而蔡文姬，应该就是在蔡邕远离故土的时候出生的。这仿佛早已就注定了，她的一生，也将颠沛流离，如风中柳絮般漂泊无定。

蔡邕命中无子，只有两个女儿，一个资质平平，在史书中无过多记载，另一个就是天赋异禀的蔡文姬了。蔡文姬出生时就长得粉雕玉琢，煞是可爱。蔡邕喜欢得不得了，便给女儿取名为蔡琰，字昭姬。后来因为要避司马昭的名讳，便改为文姬。琰者，美玉也。这是父母寄托了无限珍爱与期望的一个孩子。蔡文姬在小小年纪就显现出了过人的智商，因此深得蔡邕喜爱。

小小的她就如同被蔡邕捧在手心的一块玉，那么珍贵，却也容易破碎。

蔡邕隐居会稽山之时，常常抚琴，以慰仕途失意之情。七弦琴琴音沉郁悠远，老蔡沉浸其中，正弹得入神，琴弦忽然断了一根。此时他年仅六岁的女儿蔡文姬正在一旁自顾自地玩耍，听见琴弦断裂的声音后，小蔡同学便说道，第二根琴弦断啦。蔡邕不以为意，以为女儿只是随便蒙的，于是又故意弄断一根琴弦，问女儿，这次是第几根？蔡文姬很自信地回答道，第四根断啦。蔡邕惊喜万分：这一定是遗传了我的音乐天赋，果然是我的亲闺女啊。

蔡邕没有可以传承家业的儿子，他便恨不得把自己的十八般武艺全都传授给宝贝女儿。所以蔡文姬从小就接受了极好的教育，并且完美继承了她老爸的各种才华，成为一位琴棋书画样样精通的才女。

蔡文姬行过及笄之礼后，便遵从父母之命嫁给了一个叫卫仲道的小伙子。卫家是河东世家，出过很多有名的人物，比如大将军卫青和汉武帝的皇后卫子夫。虽然史书上对卫仲道其人并无过多记载，但蔡邕帮女儿挑的人，应该还是不错的。然而蔡文姬新婚还没出蜜月期呢，她的老公就得病死了。于是蔡文姬年纪轻轻就成了个小寡妇。

这一点和西汉的大才女卓文君竟惊人地相似，卓大才女也是新婚后没多久就死了丈夫。或许是因为蔡文姬、卓文君这样的才女已经被上天赋予了太多东西，像什么家世、美貌、才华，她们全都拥有了。根据运气守恒定律，她们的感情路，甚至是人生路，都会比普通人更坎坷。

可是蔡文姬的人生路，未免也太坎坷了。别人遇到的都是一些小坑小洼，而蔡文姬碰见的，却是东非大裂谷和珠穆朗玛峰。蔡小姐的人生，很不幸地被设定成地狱模式，所有的倒霉事，都让她碰上了。

关关难过，可关关还是得过。新婚丧夫，只是第一个关卡，难度系数仅仅为低。

3

蔡文姬和第一任丈夫没有孩子，她若是继续留在婆家，只会遭受白眼。蔡文姬不愿天天被冷嘲热讽是克死丈夫的扫帚星，便毅然决然回到了自己家。如今的蔡家，可谓今非昔比。蔡邕早已不再是戴罪之身，而是人又当权有赏识，在朝中身居高位。

那时是中平六年（189），汉灵帝已经去世了，正值董卓当权。董卓早就听说蔡邕特别有能力和才气，只是一直不受重用，于是便传召他入宫担任代理祭酒，所谓祭酒，就是汉代的一个官职，主要负责掌管书籍文典，只有学富五车、德高望重之人才有资格担任。

一开始被董卓征召的时候，蔡邕的内心是拒绝的，毕竟他也知道董卓这人人品不咋样，弑君犯上，专断朝政。所以蔡邕当下就称病推脱了董卓的传召。董卓也不傻，一下就猜到了蔡邕是装病，气得一塌糊涂：好你个老蔡，心气挺高啊，居然敢拒绝我？我还就不信了，非让你来做官不可。

这次董卓不再直接下达指示了，而是间接地命令州郡征召蔡邕到府。蔡邕心想，罢了罢了，总得找份工作养家糊口吧。乱世之中，我一个打工人也是身不由己。既然如今董卓当权，他又看得起我，那就去吧。蔡邕入职之后，董卓倒也不记仇，对他很是敬重。受到董卓的赏识之后，蔡邕在事业上就像"开了挂"一样，先后担任过侍御史、尚书等，差不多就是现在的正部级干部。

老爸发达了，蔡文姬的生活质量也上了一个台阶。她回家的那段日子，过得格外自在，夜夜都是香梦沉酣，一觉黑甜；早上睡到自然醒之后，便会有下人伺候她穿衣洗漱吃早餐。老爸蔡邕奉命去长安城做官了，家中便只留了蔡文姬和她母亲两人。整个府邸的人，都围着蔡大小姐转。蔡文姬便安心地在家当"咸鱼"，每天弹弹琴、看看书，悠闲得不得了。这可以说是她人生中最快乐的时光了。

然而东汉末年，正逢乱世，时局变幻无常。前一秒还呼风唤雨的人，下一秒就有可能人头落地。董卓虽暂得大权，但他祸乱朝纲，又刚愎自用，树敌颇多，其中在朝中担任司徒的王允最是看他不顺眼。初平三年（192），王允设反间计，挑拨吕布将董卓杀死。虽说董卓是个乱臣贼子，但不管怎么说，他对蔡邕有着知遇之恩，还给困境之中的老蔡提供了份好工作。如今蔡邕听说董卓死了，便不由得有些伤感。

照理说此时董卓已经下台了，若要为他伤感一番，关起门来偷偷伤心一场也就罢了。但是蔡邕这人耿直啊，非得说出来，而且还是当着王允的面。蔡邕想起汉灵帝时期，自己被群臣排挤，被同僚诬陷，被皇帝误解，再想到后来被董卓重用，一路高升。而如今，重用自己的人已死，今后该何去何从呢？

想到这里，蔡邕心中不由得感慨万千，叹道，唉，我能有今天，全靠董卓当初提拔我，都说他是国贼，但不管怎样，他对我老蔡是有恩的。

这可把董卓的死对头王允气坏了，他大骂道，董卓这个大国贼差点倾覆了汉室，人人得而诛之，你却只想着他对你的礼遇，还帮着他说话，难道跟他一样是逆贼？活腻了吧！于是蔡邕就被王允下令收押治罪，蔡邕也意识到自己说错了话，便递上表道歉，一众敬仰他才能的士大夫也纷纷替他求情。王允心想，唉，老家伙估计也是糊涂了，要不放他一马吧。然而蔡邕还没等到赦免，一把老骨头就被折腾得不行了，在监狱中与世长辞，时年六十岁。

蔡文姬和妈妈听到蔡邕去世的噩耗，娘儿俩抱在一起哭得昏天黑地。蔡文姬的母亲伤心过度，一病不起，没多久竟也随着蔡邕走了。可怜的蔡文姬一下失去双亲，再也没有爸爸保护自己了，再也没有妈妈疼爱自己了，从此以后，她便只能一个人艰难度日了。

父母双亡，是她人生中的第二个关卡。

本来蔡文姬出身名门，才貌双全，音律、诗文、书法，无一不精通。若说人生如闯关游戏，那么蔡文姬就是拿到了最强装备，进了最难的游戏模式。她先后经历了丧夫，丧父，丧母，上天好像是在考验她到底能经受住怎样的折磨。

或许有人要说，历史上的圣人、大儒、才子，哪一个不是历经磨难？都说天将降大任于斯人也，必先苦其心志，劳其筋骨，饿其体肤。要感谢磨难，感谢挫折，造就了各界大咖，遗泽后世。可是或许蔡文姬从来就没想过要成就盛名。难道她会去想，千百年后，世人会不会将她评为"古代四大才女"之一？我想作为一个女子，她希望的一定是，在家时能承欢父母膝下，嫁人后能与夫君举案齐眉，家庭和睦美满，过着岁月静好的日子，平安终老。

可是如今，再也没有这种可能了。蔡文姬心里好恨好痛，可她又不知该怪谁。看着空荡荡的家，蔡文姬心里的绝望一点点地泛上来。在这世间，她已一无所有，还有什么能失去的呢？

4

然而蔡文姬没想到的是，更悲惨的事，还在后面。

兴平二年（195），江山未定，南匈奴趁机进攻中原，大肆劫掠。一时间，天下乱成了一锅粥。四处的乱兵，见男人就杀，见女人就抢。原本平静的城镇和村庄，瞬间爆发出破碎和撕裂的声响。异族的狩猎者，像是闯入羊群的狼，刀尖是他们的獠牙，斧钺是他们的利爪。他们需要大量的鲜血，才能填满对杀戮的渴望。

战火也蔓延到了蔡文姬的家乡。

蔡文姬眼睁睁地看着一个个无辜的百姓被残忍斩首，那些人头分离的脖颈处，形成了一个个汩汩冒血的小型喷泉。人们的头颅被挂在胡人的战马上，各色的面孔摇摇晃晃，留给世间一个或不甘或惊恐或绝望的表情。而他们临死前没有闭上的眼睛，好像仍在盯着自己被掳走的妻女，仍在观看着这场血腥的杀戮游戏，他们眼睁睁看着自己的家园，变成一个人间炼狱。

白骨露于野，千里无鸡鸣。生灵涂炭，苍天都为之悲恸。

蔡文姬后来在《悲愤诗》中记录下了当时的乱象与惨状：

> 平土人脆弱，来兵皆胡羌。
> 猎野围城邑，所向悉破亡。
> 斩截无孑遗，尸骸相撑拒。
> 马边悬男头，马后载妇女。
> 长驱西入关，迥路险且阻。
> 还顾邈冥冥，肝脾为烂腐。
> 所略有万计，不得令屯聚。

凶狠的士兵们，早就听说中原的女子有如佳肴，个个鲜美无比。而蔡文姬作为声名远扬、才貌无双的豪门贵女，更是让他们垂涎三尺。她只是一个小小弱女子而已，在这乱世中无依无傍，所以当胡人将蔡文姬掳走时，她毫无反抗之力。

她只有深深地呼吸，仿佛要把这片土地的晨曦和黄昏，都吸入身体里。

去往匈奴人领地的路途，漫长又颠簸。挣扎，求饶，痛哭，全都毫无用处，只会进一步激起胡羌士兵的兽性，招来更重的鞭打，更难听的谩骂折辱。蔡文姬已经没有力气哭泣了，她只是机械地呼吸空气，吞咽食物。

真是生不如死。

想自杀？那也没门。日夜都有士兵死死盯着。到手的猎物若是死了，那多无聊。要的就是玩弄你于股掌之间，就像观赏一条砧板上的鱼被刮去鳞片后，将会如何挣扎。

越往西北前进，风沙越大，空气越干。蔡文姬虽然没有上过地理课，但她根据周遭的景物判断，这里已是大漠的腹地。她很清楚地知道，自己离家乡已经很远很远了，回家的可能性越来越渺茫。此处，难道就是她人生的尽头了吗？

终于到了。蔡文姬被当作最美味的珍馐，献给了南匈奴的左贤王，也就是那里地位最高的官员。

她是那么白皙、娇贵、柔弱，左贤王喜欢得不得了。

蔡文姬后来根据自己在胡地的经历，写就了《胡笳十八拍》，其中有一句，"胡人宠我兮有二子"。可能有人读到这句话时，会产生这样的误解：蔡文姬是和王昭君一样，远嫁大漠，她得到了匈奴左贤王的宠爱，还为他生了两个孩子，一家四口说不准还挺开心幸福的。的确，"草原枭雄征服中原侯门贵女"的情节让人很容易脑补出一篇"匈奴左贤王独宠汉人小娇妻"的甜虐文，然而真正的历史，从来就只有虐心，没有甜。

蔡文姬根本就不是左贤王的妻子。匈奴诸王的妻子，通常都被称为阏氏，但蔡文姬从未被如此称呼过。她甚至连小妾都算不上，南匈奴左贤王的姬妾中，根本就没有蔡文姬这个人。

而且《后汉书·董祀妻传》说蔡文姬是"没于"左贤王，意思就是她沦落到了左贤王手中，而不是嫁给左贤王。蔡文姬自己也说"惟我薄命兮没戎虏""戎羯逼我兮为室家""遭恶辱兮当告谁"。可见她从来就不是左贤王名正言顺的妻子，而是被随意打骂、受尽屈辱的女奴，是左贤王发泄欲望的玩偶，是他炫耀自己身份地位的工具。

战争，就是血与火，是刀与剑，是战马的嘶鸣，是乾坤颠倒，是烟尘滚滚，是残肢断臂，是马革裹尸。而女人，在沦为战争的牺牲品时，有着一样的痛楚。这份痛楚，因历时长久，而更为残忍。

这是在凌迟敌族最美丽柔弱的一个群体。一刀刀地割下去，让你痛，却偏不让你死。

匈奴的大军霸占了中原的土地、中原的财富，以及中原的女子。掠夺敌族的女性，是每一场战争中最哀艳的一笔。这些女子不会被干脆利落地杀死，毕竟通过暴力手段得到的，只是一时快意，而胡人想要的，是长期而彻底的占领。占领中原女性的身体，又迫使她们用身体分娩出流着匈奴人血流的孩子，用孩子困住她们想回家的心。当了妈妈的女人最忍受不了母子分离，于是她们渐渐地被同化，棱角被磨尽，柔顺得像一摊泥。

她们逐渐也有了黝黑的皮肤，会说一点匈奴语，也慢慢习惯了吃牛羊肉奶制品，就这样成了一个匈奴女人。

对匈奴这样的北方蛮族来说，汉族的年轻女子，是最珍贵的珠宝，值得为之而争斗，累累伤痕，都是英勇的象征。这不仅是男性征服女性的骄傲，更是异族征服中原的骄傲。他们虽然表面上臣服中原已久，但蠢蠢欲动的心从未停止过跳动。如今一朝将尊贵的中原女子占为己有，肆意玩弄，在这时，他们感受到了胜利的喜悦和报复的快意。

况且汉人的女子，是多么美丽和稀有啊。

匈奴本族的女人，由于基因和生活环境，很多生得比较粗犷，她们在草原上经受风吹日晒，脸庞黑黑的，高高的颧骨上顶着两坨红。她们吃着牛羊肉长大，身形都比较壮硕，肩能扛，手能提，看上去一拳就能打死一头牛。而中原的女子呢，一个个都是那么柔若无骨，娇嫩白皙。虽然对美的定义有很多种，匈奴女子也有她们淳朴健硕的美，但或许是因为"物以稀为贵"，许多匈奴男人就喜欢柔婉纤弱的汉族女孩。

更何况蔡文姬，是中原远近闻名的才女，得到了她，简直就是无上的荣光。

5

然而蔡文姬并没有因此受到善待。被掳来的女人，始终是奴。在胡地的每一天，对蔡文姬来说，都是折磨。叫天天不应，叫地地不灵。

匈奴人的日常生活和汉人差得太多了。他们说着蔡文姬一个字都听不懂的匈奴语，穿着动物皮毛制成的衣服，简陋又粗糙。他们虽然也有两只眼睛、一个鼻子、一张嘴巴，可拼在一起，怎么看怎么别扭。就连这里的狗，都长得奇形怪状。胡地的气候更是让人水土不服。大漠苦寒，蔡文姬总是浑身发冷，纤细的手指上生了紫红的冻疮。她还吃不惯胡人的食物，虽然作为左贤王的女人，蔡文姬的伙食还是要比普通的牧民家庭好一些的，饮食中会有牛羊肉和奶制品，可她的中原胃还是完全接受不了这些东西。每一次开饭时，蔡文姬虽然肚子已经饿得咕咕叫，但她看着那一坨半生不熟、散发着浓浓的腥膻味的肉，就捏着鼻子直想吐，完全吃不下。

吃不饱穿不暖，这还不是最惨的。更惨的是，自己作为左贤王的女奴，还得和他睡觉。

每当左贤王和自己亲近的时候，蔡文姬都要屏住呼吸，闭紧双眼，把自己想象成一块没有思想感情的肉。她的每一根汗毛、每一根头发都在拒绝。可是她在行动上，却完全拒绝不了。男女力量的悬殊，让蔡文姬知道，自己的挣扎完全就是徒劳的，一次次的反抗，只会招来更暴力的压制和蹂躏。

匈奴左贤王在蔡文姬眼里，就是一个没有进化完全的直立行走动物。他长得五大三粗，嘴里叽里呱啦说着匈奴语，一张丑脸凑过的时候，蔡文姬还闻到了他隐约的口臭和浓然的体味。因为一生只洗三次澡，所以很多匈奴人身上都臭烘烘的。蔡文姬深深觉得，每天晚上，都有一只说梦话打呼噜的野兽睡在自己身边。这怎么可能睡得好觉呢？

在胡地的这些年，蔡文姬的颜值呈现断崖式下跌。刚被带到北方的时候，她正值芳华，是个水灵灵的姑娘，可是这些年来胡地的凛风把她的脸蛋都吹皴了。再加上蔡文姬一宿一宿地睡不着，总是想念远方的家乡和逝去的亲人，除了哭就是哭。顽固的黑眼圈配上红肿的双眼，一点都不好看，就像一只弱小无助又可怜的兔子。而她曾经养在深闺细心护理的白嫩肌肤，也被风中的沙砾磨得有些粗糙了。

可蔡文姬压根就不在意自己是美了还是丑了。都说女为悦己者容，可是对于身边的这个左贤王，她一点都不喜欢，也完全不想取悦。

大漠的狂沙眯住了她的眼眸，凛凛的寒风吹瘦了她的脸颊，长长的岁月熬空了她的躯体。一个女人，最美好的年华，就这么消散在胡地不眠不休的风里。

在胡地所遭受的痛楚，也被蔡文姬一一记录在《悲愤诗》中。

旦则号泣行，夜则悲吟坐。

欲死不能得，欲生无一可。

彼苍者何辜，乃遭此厄祸？

边荒与华异，人俗少义理。

处所多霜雪，胡风春夏起。

翩翩吹我衣，肃肃入我耳。

感时念父母，哀叹无终已。

蔡文姬总是想起自己还在中原生活的那些年，特别是爹娘还在世的日子。那时每天都是阳光灿烂，万物明朗。就连家中最碎嘴长舌的那个老妈子，此刻想起来都觉得无比亲切可爱。

那些她习以为常的生活，如今竟是如此遥不可及。抚琴品茗菜肴香，当时只道是寻常。

我总在想，到底是什么支撑着蔡文姬在大漠活下去？或许她也曾无数次地想过，自己已家破人亡，在世上了无牵挂，每天又被胡人百般折辱，倒不如一死了之。活下去，比一刀抹脖子要难得多。懦弱的人，才会选择死。而蔡文姬，不愿就此屈服。

为了排遣寂寞，蔡文姬自学了胡笳。她从小就极具音乐才能，学起胡人的乐器也是得心应手。寂寥的长夜里，每当胡笳之声响起，蔡文姬便觉得，自己有了活下去的希望。

更重要的是，这时候蔡文姬发现，自己怀孕了。

6

肚子里的孩子，是她在这世界上唯一的亲人。虽然这个还未面世的小孩子，流着一半异族的血，可他是与自己紧密相连的啊。他在自己的身体里，乖乖地蜷缩成一小团。蔡文姬决定，自己要好好地活下去。她逼着自己好好吃饭，好好睡觉，好好孕育腹中的胎儿。

孤独的人世间，她终于不再是一个人了。蔡文姬感觉自己冰冷许久的身体，又一点点地暖起来。随着孩子渐渐长大，蔡文姬的身体变得有些臃肿。再加上左贤王对她的新鲜劲已经过去了，所以大多数时候，蔡文姬都是一个人待在帐中。

可她一点也不觉得孤单了。

蔡文姬仔细感受着腹中孩儿的胎动。她哼着家乡的童谣，说着自己小时候的事情，她感到腹中的孩子在静静地听着。月份大了的时候，孩子的小手小脚在她的肚子里乱动，蔡文姬有了初为人母的欣喜。我要当妈妈啦。

十月期满，孩子就要降生了。蔡文姬在分娩的剧痛中失去意识，直到一声婴儿的啼哭，把她从鬼门关拽了回来。她生下了一个男孩。皱巴巴、血淋淋的小人，长得真是丑。但他是那么小，那么软，那么需要母亲的保护。蔡文姬不禁落下了热泪。

帐外的寒风仍在呼啸，帐内却是前所未有的温暖。

从前在这陌生遥远的异乡，蛮荒无垠的大漠，蔡文姬总感到自己孤立无援，像一只掉了队无法南归而徘徊于风沙之中的大雁。茕茕孑立，形影相吊。日日都是彻骨的冷，侵体的寒，钻心的痛。而此刻，有了怀中的小小婴儿，她心里感到无比柔软和踏实。她贪恋孩子身上的奶香，那是一种因和她血脉相连而生出的亲切感。

她是汉人的女儿，如今却成了匈奴人的母亲。但那又怎样呢？作为一个女人，天生的母性叫她毫不保留地去爱，去付出，去给予。同时，她也从孩子的身上，得到了活下去的希望。她给了他生命和乳汁，他给了她光明和力量。同时，蔡文姬还一下拥有了天不怕地不怕的勇气，好像她并不是怀中抱着一个粉嘟嘟的小宝贝，而是身后跟着一支所向披靡战无不胜的军队。

女本柔弱，为母则刚。

我想听他喊第一声妈妈，想牵着他走出人生的第一步，想看着他一点点长高长壮，还想看着他娶妻生子。更想带他回我的家乡看看。虽然爹娘已不在，但看看家乡的一草一木也是好的。

　　到底是山高路远，归梦难成。

　　在胡地的十二年岁月里，蔡文姬先后为左贤王生下了两个孩子，她早已身不由己地和这片异族的土地连在了一起。蔡文姬原本应该是恨得要死的，恨这个让自己沦落胡地的匈奴左贤王，恨这个多番侵扰大汉的北方蛮族。匈奴一直都是大汉的仇敌，对匈奴的恨，是流淌在中原百姓的血液里的。异族的铁骑一次次地踏上中原的领土，烧杀劫掠，胡人手上的兵器，饮了多少无辜汉人的鲜血。

　　可是自己却和匈奴左贤王共度了十二载春秋，哪怕她曾经有无数次想掐死这个男人的冲动，但不管怎么说，和左贤王的那两个孩子，让她冰冷绝望的心，又变得温暖起来。蔡文姬看着两个小宝贝，从襁褓中粉粉嫩嫩的婴儿，一天天地长大，从嗷嗷待哺到牙牙学语、蹒跚学步。渐渐地，他们的五官神情，有了左贤王的影子。所以后来蔡文姬再看到左贤王的时候，心里想恨都恨不起来了，毕竟他是孩子们的亲生父亲啊。

　　可他又是千万无数汉人同胞的仇敌，是把自己带到这个鸟不拉屎的破地方的罪魁祸首。

　　蔡文姬看着两个孩子一天天长大，也有了匈奴人那样宽宽的下颌、厚厚的眉毛和高高的颧骨。他们每天像小野马一样在草原上驰骋，仿佛有着使不完的精力。蔡文姬总是远远地望着两个小家伙撒欢奔跑，他们虽然有着一半汉人血统，又是汉人母亲抚养长大，却能完美地融入其他匈奴孩子中，好像他们是完全同根同源的兄弟，一点违和感都没有。

蔡文姬心里突然掠过一阵惶恐：我的孩子们以后会不会和那些匈奴人一样，也拿起大刀砍杀汉人？那我不就成了大汉的罪人了吗？此后蔡文姬几乎每天都被这件事折磨得寝食难安，她感觉自己离崩溃只差 0.01 毫米。

可是还是得好好活下去，为了没长大成人的孩子。

7

她的纠结止于某天骑马而来的一群中原使者。他们替蔡文姬做了选择。

蔡文姬不知道，此时的中原，已是曹操的天下。她的老爸蔡邕生前和曹操是关系很好的哥们儿，两个人常常在一起谈词论赋，切磋书法，友情甚是深厚。如今曹操统一北方，大局初定，正是春风得意之时，想将这份快乐和好朋友们分享一番，这时他就想到蔡邕了。可是昔日故人早已驾鹤西去，唯有一个女儿流落胡地。曹操心中感慨万千，唉，老蔡一家实在是太可怜了。如今他走了，可每年坟前连个扫墓的人都没有。不行，我得把他的女儿小蔡接回中原。

曹操当下就派使者带着贵重的礼物日夜兼程赶往胡地。他们抵达的那一天，蔡文姬仍如往常一般眺望远方。她看到了变幻的流云，看到了无垠的草原，看到了自己两个活泼可爱的孩子。这一次，她还看到了几个穿着汉人衣裳的人，正骑着马，踏着如血的残阳，向她奔来。

汉使直接找到了左贤王，说要带蔡文姬走。此时曹操实力强大，匈奴人即便剽悍，也要忌惮三分。左贤王有些怕了，若是为了一个非妻非妾的女人，得罪北方中原的霸主，那可真是不值得。再加上他看到了使者带来了满车的金银玉璧，便松了口，同意蔡文姬回中原。

蔡文姬得知自己马上就可以回到朝思暮想的家乡了，一时间欣喜万分。可这种喜悦只持续了不到三分钟。她的两个孩子看到来了陌生人，都拉住蔡文姬的手，一个劲地问妈妈来人是谁、发生了什么事。他们还问蔡文姬，晚上要给他们做什么好吃的，昨晚讲了一半的故事，今天可以讲完吗？

蔡文姬没有回答，只是紧紧地抱住了两个小家伙，眼泪止不住地流。她听见自己的心碎裂的声音。一边是亲生骨肉，一边是家乡同胞，该如何抉择？

其实她并没有选择的权利。使者这次前来，任务就是要把蔡文姬带回去。这恐怕不仅仅是曹操念及旧人的缘故，更是关乎中原的颜面。蔡文姬，作为大汉名臣之后，风华绝代的才女，应当是朝廷一级保护对象，如今却在匈奴人那里受尽磨难，这说得过去吗？所以这次蔡文姬是想回也得回，不想回也得回。

蔡文姬当然也是想回家的。盼星星盼月亮，终于盼到了这一天。只是这一回，怕是要与自己的两个孩子诀别了。再也不能为他们唱童谣讲故事了，再也不能为他们裁制新衣服了，再也不能见证他们的成长了。这两个孩子曾照亮过蔡文姬的无数个寂寞黑夜，可现在她要狠心将他们抛弃了。

母子分离，是世上最痛苦的事。

两个小家伙扯着母亲的衣袖不让她走，蔡文姬几乎哭到昏厥。她泣不成声地对两个孩子说道，妈妈还会回来看你们的，你们要乖乖的，好不好？哥哥要让着弟弟，弟弟不许太调皮。你们每天都要吃饱、穿暖，要健健康康地长大。妈妈每天都会想你们的……

那种骨肉分离的悲痛，字字泣血，句句钻心。

己得自解免，当复弃儿子。

天属缀人心，念别无会期。

存亡永乖隔，不忍与之辞。

儿前抱我颈，问母欲何之。

人言母当去，宁复有还时？

阿母常仁恻，今何更不慈？

我尚未成人，奈何不顾思？

见此崩五内，恍惚生狂痴。

号泣手抚摩，当发复回疑。

兼有同时辈，相送告别离。

慕我独得归，哀叫声摧裂。

马为立踟蹰，车为不转辙。

观者皆嘘唏，行路亦呜咽。

到底还是走了。

8

这一年是建安十一年（206）。

蔡文姬坐在归家的马车里，想到十二年前自己被掳来胡地时的情景，仍是历历在目。她撩起帘子，向外看去。依旧是吹不尽的风沙，望不断的天涯。十二年前，她无亲无故，孤零零一人来到这片大漠。上天见怜，赐给了她两个孩子，让她一尝为人母的幸福满足。可如今，这种幸福又被无情收回，她又是孤零零一个人了。上天好像在玩一个残忍的游戏，打了她一巴掌，再给她一颗糖，她还没来得及品尝那颗糖的甜，又被狠狠地打了一巴掌。

蔡文姬的脸庞，早已被这些年的风沙磨砺得不再光滑。她的额头、眼角，都有了细细的皱纹。她一身的风尘，一脸的疲惫，可她的眼睛，仍旧没有失去光芒。红彤彤的夕阳照着蔡文姬毫无血色的脸，仿佛要为她抹上一层胭脂，庆祝她终于可以回家。可蔡文姬的心里很空很空。马车每走一步，蔡文姬都离自己的两个孩子更远一些，却离日夜思念的家乡更近一些。

人生好难啊，为什么总是不能两全呢！

回了中原之后，曹操想到蔡文姬父母双亡，孩子又远在胡地，不忍她孤独一人，便做主将她嫁给了董祀。这是蔡文姬的第三个男人。

这一年，她年近三十。将近而立之年，蔡文姬却已经历了丈夫早逝、父母双亡、被掳胡地、母子分离这一系列的巨大人生变故，每一个变故对常人来说都是难以忍受的打击，可蔡文姬一一扛了下来。这些生命无法承受之重，却全部加诸一个弱女子。也不知道历史上的蔡文姬其人，到底拥有怎样强大的内心，才能将崩溃边缘的自己，一次次地拉回来，又目光坚毅地活下去。她始终在不屈地挣扎，在无声地抗争。

她的心布满了伤痕，却从未停止过跳动。

史书上并未言明蔡文姬和董祀之间的感情如何。或许董祀只是奉曹操之命勉强娶了蔡文姬，他俩只是一段"形婚"，又或许他对蔡文姬动了心，俩人有了夫妻之情。不管怎样，这样平平淡淡的生活，对蔡文姬来说，是极其珍贵的。她感谢董祀，是他给了她一个家。

直到有一天，这种平静被打破了。婚后，董祀不慎犯了罪，被判处死刑。蔡文姬又一次面临着失去亲人的局面。

可是她不能再失去了。

那一天曹操正在宴请公卿名士和外国来的使臣，蔡文姬冒着被降罪的危险，准备向曹操叩头请罪。曹操得知蔡文姬在外面后，便对在座的客人们说，蔡伯喈的女儿就在门外，今天我请诸位见一见这位大才女。

宾客们很期待，想看到这位传闻中才貌双全的奇女子是怎样的人物。

可蔡文姬进来的时候，众人都吓了一跳。只见她披散着头发，光着脚，跌跌撞撞地来到曹操的会客厅，跪倒在地。蔡文姬何尝不知道，女子的赤足，是非常隐私的部位，关乎个人清誉；她又何尝不知道，众目睽睽之下，如此衣衫不整，有多么丢人。可是此刻她什么都顾不上了，什么名门之后，什么诗词才女，什么脸面，什么名节，她都不要了。她只是不愿再受生离死别，如今这份安稳的生活，是让她活下去的最后一口气。

那一日天寒地冻，蔡文姬却衣衫单薄，双足赤裸，纤弱的一个背影，跪在大堂之上。

卸下钗簪披头散发的蔡文姬，一点都不好看了，甚至还很狼狈，很不体面。大漠的朔风吹了她十二年，这十二年岁月的痕迹，全都清清楚楚地显现在了她的脸上。蔡文姬早已不是当年那个明艳动人的女子了，可她的眼神，却是那么坚毅、沉静，还有一份知其不可而为之的决绝。

蔡文姬并未失态痛哭，也并未多言，她没有为夫君辩解，更没有抱怨自己的不幸。她只是很诚恳、很诚恳地请求曹操，放自己的夫君一条生路。蔡文姬言辞清辩，目光决绝，在座宾客全都为她动容了。曹操也动了恻隐之心，他沉吟良久之后说道，但是降罪的文书已经发下去了，这可如何是好？蔡文姬回答，您有那么多好马，难道还舍不得用一匹快马去拯救一条垂死的生命吗？

也罢。十二年的大漠岁月，已给了她太多折磨。曹操心中终究不忍。他立刻下令，追回降罪文书，赦免了董祀的罪。

9

蔡文姬为夫求情的事迹，被记载在《后汉书》里。有人说，是夫妻二人情深义重，才会让蔡文姬不惜一切相救。可也许，是因为蔡文姬已背负了太多太多，董祀若是死了，便会成为压死她的最后一根稻草。

书上还记载，后来曹操问蔡文姬："你家的古籍还在吗？"蔡文姬说："父亲曾留下四千多卷古书，却因颠沛流离几乎全部丢失，我倒是记下了一些，大约四百多篇。"曹操说："那我派十个人帮夫人记录下来可以吗？"蔡文姬说："大可不必。男女授受不亲，我一个人写下来给您就是。"

四百多篇文章，蔡文姬一一默写了下来。那些珍贵古籍中的内容，才得以流传于世。若是没有蔡文姬，中国的一些历史文化怕是要失传了。

历史上关于蔡文姬的记述，到此就结束了，仿佛她的人生也就此戛然而止。可是对蔡文姬来说，她的痛和恨，从未停息过。在胡地的经历仍是心中挥之不去的阴影，蔡文姬曾无数次地梦到战乱中掉落的人头和飞溅的鲜血，梦到胡羌士兵狰狞的嘴脸，梦到左贤王慢慢逼近的身体和胡人飞快落下的长鞭。她还梦到了自己的两个孩子，痛哭着想和妈妈见面。

她从那么多的人生之大痛大悲中活了下来，写下了流芳千古的《悲愤诗》和《胡笳十八拍》，还为国家整理和补充战乱中流失的古籍。世人说她伟大，说她忍辱负重，背负着国家的使命。她的形象不朽于世，散发着神圣的光辉。《后汉书》的作者范晔评价她："端操有踪，幽闲有容。区明风烈，昭我管彤。"

后世根据她留下的作品，将她评为"古代四大才女"之一。后人也有无数评价蔡文姬的诗词，把她流落胡地的那一段经历说得那么哀婉，"十八拍笳休愤切，须知薄命是佳人"。被文学粉饰过后，好像血淋淋的残忍现实都变得凄美、壮烈。

她的确是才女，是一段传奇。可首先，她是一个人，一个女人，一个母亲。她经历着最痛的事情，却写下了最令人动容的诗歌。

《胡笳十八拍》的曲调沉郁顿挫，如同凿子一般，将蔡文姬那段尘封的胡地岁月凿了个缺口，往事哗然而出。那个在乱世中受尽磨难却坚韧不屈的女子，正一步步踽踽独行于历史长长的甬道之中。她越走越佝偻，柔弱的双肩上仿佛背负着极为沉重的东西，将她压得都快喘不上气了。可她仍颤抖着手，书写下了那段钻心刺骨的历史。

戎羯逼我兮为室家，将我行兮向天涯。云山万重兮归路遐，疾风千里兮扬尘沙。人多暴猛兮如虺蛇，控弦被甲兮为骄奢。两拍张弦兮弦欲绝，志摧心折兮自悲嗟。

无日无夜兮不思我乡土，禀气含生兮莫过我最苦。天灾国乱兮人无主，惟我薄命兮没戎虏。殊俗心异兮身难处，嗜欲不同兮谁可与语！寻思涉历兮多艰阻，四拍成兮益凄楚。

天无涯兮地无边，我心愁兮亦复然。人生倏忽兮如白驹之过隙，然不得欢乐兮当我之盛年。怨兮欲问天，天苍苍兮上无缘。举头仰望兮空云烟，九拍怀情兮谁与传？

她的身后，是冷月羌笛，是飞沙走石，是苍茫大漠。她一身尘土，容颜不再。可她还是值得世人深深的、充满敬意的一拜。

谢 道 韫

（ 3 3 5 ？ — 4 0 5 ？ / 晋朝 ）

最飒女神嫁错了人

谢道韫

1

夜深了，蜡烛也快燃尽了。谢道韫放下手中的书，看着倒在床上呼呼大睡的王凝之，无奈地叹了口气。

"唉，我怎么嫁了这么个玩意儿？"

谢道韫小姐和王凝之先生婚后的生活，虽然说不上是鸡飞狗跳，却有种让人无力的窒息感，还不如那些天天吵吵闹闹的小夫妻。这两人连架都不愿意吵，是因为谢道韫压根就不愿意搭理她老公，话不投机半句多，和王凝之这么个憨货说啥都是对牛弹琴。最近他正沉迷于五斗米道，深信自己能长生不老、羽化登仙，整个人就跟魔怔了似的。

谢小姐对自己的老公已经无语了。她无数次地安慰自己：罢了罢了，老土爱咋咋吧，反正自己也懒得管。只是这憨货天天神神道道的，看得自己头都大了，还不如分居，眼不见为净，各过各的得了。

再不然就……离婚？现在的婚姻状态，如同鸡肋一般，实在是食之无味，若是弃之，嗯……倒也并不可惜。只是家族联姻，其中关系盘根错节，牵一发而动全身，若是此刻任性地一断了之，后续必然一堆麻烦事。再说王凝之一没出轨，二没家暴，犯的并不是什么原则性大错，没理由离婚啊。若是无缘无故闹着要离婚，成何体统？她谢道韫可是家族的骄傲啊，可不能给谢家丢人。

唉，真是无奈。那就将就着过吧。

谢道韫眼睁睁地看着时间如同流水一般，抓也抓不住地从指缝间溜走。而自己的婚姻，被这如水的时间，冲刷得无比苍白。她的心中不免有些凄凉。

结婚前的自己，也曾幻想过有朝一日会嫁给一个志趣相投的男人，和他举案齐眉，恩爱白头。而不是如现在一般，独倚西窗，无人共剪红烛，醒也无聊，醉也无聊，只能听着窗外风萧萧，雨潇潇，瘦尽灯花又一宵。

年少时的谢道韫小姐，并没有想到自己未来的婚姻会是这样一地鸡毛。毕竟她是"天之骄女"，一路顺风顺水，怎么偏偏就掉进了王凝之这么个大坑里呢？

的确，谢道韫的家庭背景非常不简单，她出身于东晋的名门望族——陈郡谢氏，是让人羡慕嫉妒恨的"含着金汤匙出生的孩子"。唐朝大诗人刘禹锡有诗云："旧时王谢堂前燕，飞入寻常百姓家。"说的就是曾经盛极一时的王家和谢家。谢家有多富呢，他们打赏下人的银子，就足以养活谢府门口那一条街的人家。谢家上上下下的吃穿用度，仆从侍女，都是最好的，甚至可以比肩皇族司马氏。就连谢家养的狗，都是整条街最靓的那一只，它每天叫唤得都比别家的狗更加响亮威风。毕竟能成为谢家的一分子，那可是莫大的荣耀。谢家不仅有钱，还有权，有社会地位。从祖上起，谢家便人才辈出。这就不得不感叹基因的强大了，谢家的每一个子孙都不是平庸之辈，他们要么文采风流，是文艺界中极为杰出的人才，要么极具政治才能，能够辅佐天子治国兴邦。如果谢家一不小心出了个平平无奇的孩子，那他很有可能会被怀疑不是谢家的血脉。

而谢道韫小姐，就是谢家无数优秀的子孙里，最为出类拔萃的那一个。她就相当于奢侈品中的限量款，豪车中的顶配。

谢道韫的爸爸是豫州刺史谢奕，妈妈阮容则是竹林七贤之一阮籍的族人。她的叔父就更了不得了，是大名鼎鼎的谢安。此人到底有多牛呢？首先他历任征西大将军司马、吴兴太守（相当于现在的市长）、吏部尚书，是皇上最得力的股肱之臣，凭借着淝水之战的胜利而名垂青史，彪炳千古，以一己之力将谢家的荣耀推上了顶峰。而且谢安还是大诗人李白的偶像，想想李白那是何等高傲的人啊，又是"天子呼来不上船"，又是"安能摧眉折腰事权贵，使我不得开心颜"。这样一个连皇帝都看不上的大才子，却在诗词中反复吟咏赞美谢安，"谢公终一起，相与济苍生"，"但用东山谢安石，为君谈笑静胡沙"。大诗人李白在谢安面前秒变小迷弟，对其大济苍生的丰功伟绩崇拜得一塌糊涂，由此我们能够想象谢安是多么厉害的人物了。

若是有幸能被谢安这样的大人物夸赞一次，可以说是毕生的荣耀了。而史书则是记载谢安曾三番五次地夸奖谢道韫，大赞其"雅人深致"。那么到底是什么宝藏女孩，能被谢安如此赏识？

从世俗意义上说，谢道韫拥有端丽的外表、智慧的头脑和显赫的家世，不管放在哪个年代都是女神级别的人物。不过她的魅力可远不止这些。谢小姐虽然不是倾国倾城的大美女，可是很有气质，她从小就爱读书，书卷的冷香将她浸润得格外出尘脱俗。虽然生在一个白玉为堂金做马的富贵人家，谢小姐却对物质享受并不怎么感兴趣。那时豪门贵族的小姐们常常会聚在一起开派对，女孩子们叽叽喳喳地聊着时下流行的衣服首饰时，还偷偷摸摸地讨论谁家的少爷最帅、谁家的公子最有才。而与谢家齐名的琅邪王氏家族的子弟们，则成了许多女孩子的春闺梦里人。她们都听说，王家的公子们，个个出类拔萃，帅气多金又有才，风流潇洒人人爱。此时只有小谢同学安安静静地捧着本书坐在一旁，她虽然表面上淡定，内心还是起了一丝丝波澜的，毕竟正当妙龄的少女，心里怎么可能不对爱情和婚姻有几分憧憬呢？

谢道韫心里默默地想："《诗经》中所说的'琴瑟在御，莫不静好'到底是怎样的旖旎？我也会遇到让我'一日不见，如三秋兮'的良人吗？"

只是自由恋爱这个事，对古代大多数女孩子，特别是大户人家的小姐来说，是可望而不可即的。在婚姻里，她们从来就没有自主选择权，和另一个人的结合，往往都是基于家族联姻的考虑。古书上对婚姻的解释就是："将合二姓之好，上以事宗庙，而下以继后世也。"对古人来说，婚姻是一份责任，上要奉祀宗庙，下要繁衍子嗣。什么情啊爱啊，通通别想了，只管一心一意好好生娃。如果婚后相处下来，两个人合得来，那就很幸运了。如果不幸匹配到一个"猪队友"，那也只能自认倒霉。婚姻像极了一场赌博，赌赢了皆大欢喜，赌输了那就要赔上一辈子。

未婚女孩们都在默默祈祷，上天保佑，赐我一个靠谱的老公吧。

2

谢家对于子孙后代的教育十分重视，特别是对于谢道韫这样天资聪慧的孩子，就更要悉心栽培了。因此她不仅从小就得到了名师指导，而且家中藏书万卷，小谢同学可以尽情地畅游在书的海洋里。

或许天资聪颖的孩子很多，可并不是人人都有机会接触到稀缺的教育资源。古代并没有九年义务教育，只有那些大户人家，才有足够的金钱、时间和精力投到下一代的文化教育上。特别是对女性而言，想要得到读书的机会就更加困难了。古代的女孩子长大了是要嫁人生子，忙活于灶边炉台的，学那些儒家经典、诗词歌赋有什么用？还不如帮着家里浣纱织布，补贴补贴家用，再多学几道拿手菜，以后用来拴住老公的胃。

可幸运的是，谢道韫不仅是名门望族的孩子，还出生在东晋时期。值得一提的是，魏晋南北朝是一段有些任性又有些可爱的时期，那时多个政权并存，统治者们各管各的，再加上北方少数民族的入侵，多个地域的文化在中原大地遍地开花，走在大街上都会时不时碰见几个胡人叽里咕噜地说着他们的方言。所以说，人们的思想便越来越活跃。特别是那些文艺青年，他们内心的野马被关了好几百年，这下终于脱了缰，可以跑出来尽情撒欢了。

精神相对自由的环境下，两性观念也开放了许多。"女子无才便是德"的思想也不再禁锢着广大好学上进的女孩子了，她们终于有了光明正大地接受良好教育的机会。曾经大门不出二门不迈的小姐们，如今终于不用再偷偷摸摸地躲在深闺里读书写字了。她们可以进入私学，在阳光下看书写字，在清风里吟诵诗词。特别是像谢家这样的名门，家庭观念就更为开明了，女孩子可以和男孩子平起平坐，平等地谈词论赋，甚至时不时举办诗词大赛，一较高下。

所以说，谢道韫虽然是个女孩子，但她从小就接受了最优质的教育。甚至因为天赋异禀，她还得到了叔父谢安格外的偏爱和专门的指导。那时谢家的小朋友们总是比赛谁的诗词背得最快最熟，小谢道韫次次都是第一名。谢安每次下朝回家，都能听见小谢道韫稚嫩却清朗的吟咏之声，一身的风尘疲惫便消除了大半。

谢安虽然有一堆国家大事要操心，但他还是会抽出时间来关心一下谢家晚辈们的学习情况，时不时抽查一下小辈们诗词背得熟不熟，书中内容理解得透不透彻。谁进步了，谁退步了，谁勤勉，谁懈怠，谢安心里都有数。

有一次叔父谢安问谢道韫："小侄女，你说说，觉得《毛诗》中哪句最好啊？"这里的《毛诗》指的就是我们现在的《诗经》。小谢道韫思考了一会儿后，朗声答道："《诗经》三百篇，莫若《大雅·烝民》云：'吉甫作颂，穆如清风。仲山甫永怀，以慰其心。'"谢道韫虽然那时还不过是个小丫头片子，可能就是别的小朋友还在玩泥巴的年纪，她却已经能够熟练背诵并理解《诗经》全篇了。而她最喜欢的这句，是在赞美仲山甫化养万物的雅德和辅佐周王的政绩。谢道韫小小年纪就能有这样的格局，实在是不简单。谢安听后欣慰极了："不错不错，不愧是我亲侄女，果然和我一样有着深远的见解，孺子可教啊！"

谢道韫最出名的事迹，便是她的"咏絮之才"了。那一天谢安又组织了一场家庭聚会，毕竟这么大个家族，还是得时不时搞个内部联谊，增进一下彼此的感情。那一日正好下大雪，天地之间一片白茫茫的。谢安兴致大发，心想何不趁此机会考验一下我谢氏家族晚辈们的才华？于是他问在座的孩子们："白雪纷纷何所似？"谢安哥哥的儿子谢朗第一个举手抢答："撒盐空中差可拟。"谢安不置可否地笑了笑。接下来就是谢道韫发言了，她吟咏道："未若柳絮因风起。"谢安听了之后欣慰地哈哈大笑，果然还是自己的小侄女最有才情啊。

这段故事被记载在《世说新语》中，值得一提的是，这本书并不是正儿八经的史书，所以上面记载的事有的是真的，也有的是传闻。所以谁也不知道，千百年前的某个落雪之日，是否真的有一个小姑娘，绣口一张，吟出了这样一则流传千古的佳句。但无论怎样，谢道韫的"咏絮之才"让她在历史上留下了芳名，被后世反复地提及。曹雪芹笔下林黛玉的判词就是"堪怜咏絮才"，《三字经》中也有云："蔡文姬，能辨琴，谢道韫，能咏吟。"就是这么一句不知真假的诗，成了谢小姐的代表作，"咏絮之才"也成了她鲜明的个人标签,"未若柳絮因风起"更是成了中学课本中被重点赏析的咏雪佳句。

古往今来,那么多帝王将相、才子佳人,他们的故事被世人讲述了无数遍,出现在戏剧中、小说中和影视作品里。就比如说四大美女之一的貂蝉,世人早已默认了她是真实存在的,甚至还为了这位佳人的故里到底位于何处的问题而争论个没完没了。而实际上,貂蝉是杜撰出来的人物,正史《后汉书》的记载中,只提到了吕布和董卓的私人恩怨,至于貂蝉,史书上并没有记载过关于她的内容。这个传闻中有着倾城之色的绝代佳人,只是后世之人编织出来的一场绮梦,臆造出来的一段传奇。或许发生在她身上的事情真实与否并不重要,重要的是我们所认为的她是怎样的,至于真实的历史,我们并不在意。可也正是因为人们总擅长无中生有,给历史不断地加戏,那个早已湮没在岁月尘土中的世界,才能一点点地被还原和再次创造,那些早已消逝在秋月春风里的人,才能一次次地活过来,在我们的世界里行走如风,熠熠生辉。

正如谢道韫,关于她的官方记载少得可怜,可是这个女子,却如此生动地活在我的脑海中。我可以通过关于她的传闻逸事,瞥见一个古代女子的生命轨迹,瞥见东晋风貌的一隅,瞥见广大女性群体跨越时间的相似之处。有人说人类的悲欢并不相通,可是有些情感是绵延千百年而不灭、连通古今而不断的。

两个不同世界的生命在此刻重合,那时的她们与现在的我们,并没有两样。

3

或许因为老爸是大将军，将门之风延续到了谢道韫身上，她的少女时代，并没有太多倚门回首嗅青梅的娇羞。历史上的才女们，总会有一段爱得轰轰烈烈的感情，就连发出"生当作人杰，死亦为鬼雄"之千古长啸的李清照，都会在丈夫赵明诚面前显露出宜喜宜嗔的小女儿情态，可谢道韫所作诗词和关于她的史书记载中，却从未提及一星半点谢小姐的柔婉之态。或许她的温柔，只会展现给值得的人。至于王凝之，他从来就不配。

谢道韫的感情一直是个疑问，而王凝之，就是个答非所问的错误答案。

眼看着谢道韫长成了个亭亭玉立的大姑娘，到了嫁人的年纪。然而像谢家这样富比王侯的高门大户，普通人家是没有资格与之联姻的。癞蛤蟆想吃天鹅肉？可能性为 0.0000001%。

爱情的产生是由于一时的荷尔蒙冲动，可以暂时无视年龄和阶级的差距，所以总会有富家女和穷小子相恋，或是霸道总裁爱上灰姑娘的狗血剧情。这些跨阶级恋爱的故事听起来无比浪漫，满足了我们对于现实中种种难以触及的事物的终极幻想。然而现实生活中，王子不会娶灰姑娘，公主也不会下嫁给穷小子。也许他们会因为阴差阳错而相识相知相恋，但结婚，完全是另一码事。即便相恋了，也很难敌过似水流年的侵蚀。因为一段双方差距太大的爱情，时间久了，各种各样的问题便都会涌现。比如，她兴冲冲地对他说假期她要和闺密去巴厘岛潜水，他说还不如和他在村口小池塘钓鱼，花那么多钱飞去巴厘岛干吗？

　　真正好的感情，从来都是势均力敌——你很好，可我也不差。特别是婚姻，从来就不仅仅是两个人之间的事，而是涉及两个家庭，所以门当户对绝不是封建思想，而是古今不变的道理。

　　可以与谢家势力匹敌的，也就只有琅邪王氏了。

　　王家的王导是东晋开国元勋，也是个响当当的大人物。王家和谢家两大家族统领着文坛仕途，在社交圈的金字塔尖屹立不倒。这两家一直以来关系都很好，他们不仅在朋友圈经常互相点赞评论，私下还经常约饭聚会。谢道韫的叔父谢安为了小侄女的婚姻大事操碎了心，毕竟谢家这条件，要找一个门当户对的可太难了，于是谢安就把人选锁定在了王家。谢安心想："老王家底蕴颇深，可与我谢家匹敌。老王夫妇人又都很好，想来我侄女嫁过去也不会受什么委屈。"

　　于是那段时间谢安常常抽空去王府上拜访，暗中观察王羲之的儿子们哪个适合做侄女婿。私心来说，谢安最喜欢王羲之的小儿子，这孩子完美继承了他爹王羲之的书法天赋，又勤于练习，小小年纪便名满京城。只可惜王献之年纪尚小，而且他一直暗恋自己的表姐郗道茂，并不想另娶他人，谢安就只好放弃了这个人选。

　　王徽之是谢安的第二个侄女婿人选。谢安听说他也很有才气，而且颇有名士风范，率性洒脱，便对这个男孩子格外关注。但没想到谢安每次见到王徽之，他都是蓬头散发、衣冠不整的，还天天东游西逛的，看上去就是一个不良少年。谢安心中有些犹豫：

"这孩子怎么这么邋遢呢，做我侄女的丈夫靠谱吗？"

但实际上，魏晋时期就流行这种风格。放荡不羁是一种态度，不修边幅是一种潮流，后来人们管这叫"魏晋风度"，风流天下闻的"竹林七贤"都是这个流派的代表人物。当然了，走这种路线的前提是得有才华。才子这么干叫风流潇洒，不拘礼节；若是无才无德的人这么干，就只能被认为是脑子有问题的二傻子了。

不过即便是才子，他们的行为通常也很难被世人所接受。这些魏晋名士不仅经常熬夜喝酒，喝醉了就耍酒疯，还特喜欢嗑药，大名鼎鼎的五石散就是他们的最爱。据说这五石散能让人"神明开朗"，也就是服用之后能容光焕发，提升颜值。可见他们平时的言行举止怎是一个"狂"字了得。"竹林七贤"之一的刘伶，不仅经常纵酒狂欢，还喜欢在家里裸奔。来客们见他一丝不挂地在家晃来晃去，都忍不住偷偷嘲笑他。刘伶见了立刻毫不留情地顶回去："我把天地当作家，把房屋当作衣服裤子，你们干吗要钻到我裤裆里来？"

酗酒、嗑药、裸奔，这都是一群什么奇人啊？

不过他们还是有可爱的一面的，比如喜欢养小宠物。只是他们的宠物有些冷门，就是虱子。因为这帮人不喜欢洗澡，身上总是脏兮兮的，还喜欢穿宽袍大袖的衣服，这就给虱子提供了完美的栖息地。风流名士们经常"扪虱而谈"，并把这当作一件绝顶高雅的事。

世人笑我太疯癫，我笑世人看不穿。

的确，正常人还真是没法看穿这帮名士，只当他们是一群精神不太正常的人。虽然王徽之也是位很有才华的书法家，但他就是这一群放飞自我的名士中的一个。如此放浪形骸，谁家敢把自家闺女嫁给他们？谢安实在是担忧，于是王徽之就这么被淘汰了。下一个被谢安看中的是王凝之，此人是王徽之的哥哥，看起来还算老实可靠，虽然不甚了解此人人品志趣如何，但毕竟出身于簪缨世家，从小也应当接受了很好的教育，再加上他老爹王羲之的光环做庇护，想必此人也应该不错，毕竟俗话都说虎父无犬了嘛。

但谁也没想到，王羲之还真就生出了王凝之这么个狗儿子。

父母之命，媒妁之言，谢道韫也没的选，稀里糊涂地做了王凝之的妻子。而王凝之，则是觉得幸福来得太突然了，自己竟然能娶到绝世大才女谢小姐。刚结婚的时候，谢道韫对自己的丈夫是抱有一丝期待的。她早就听说王家子弟个个出挑，不仅书法写得好，诗词歌赋也都通晓，想来王凝之会和自己有共同话题吧。虽然两个人在结婚前没有机会好好地互相了解一下，不过若是志趣相投，先结婚后恋爱也未尝不可。

也许我能和他在清风明月里一同吟诗作对，春日看姹紫嫣红开遍，冬日赏白雪纷飞，多美好啊。

那么谢道韫中意的是怎样的男了呢？大概和志气高洁的嵇康一般，如山中松柏，凌寒傲雪，不凋不败。她曾写下一首《拟嵇中散咏松诗》，以表达对嵇康的仰慕，亦借此抒发自己的情志：

遥望山上松，隆冬不能凋。

愿想游下愿，瞻彼万仞条。

腾跃未能升，顿足俟王乔。

时哉不我与，大运所飘遥。

　　未曾走进婚姻围城里的女孩子，总是会对婚后生活有着无限的神往。即便已经进入围城中的人都趴在城墙上对着城外的人大喊"城里不好玩，别轻易进来"，但还是有那么多人憧憬着城内传说中的旖旎风光。

　　在外人看来，王凝之与谢道韫，是天造地设的一对。他们的家世那么匹配，都是名门之后。一个是当朝重臣谢安最疼爱的亲侄女，一个是大书法家王羲之的宝贝儿子；一个是咏絮才女，一个是书法才子，就像童话里的公主和王子，看上去是非常般配的。然而感情这回事，从来就是如人饮水，冷暖自知。很多时候，岁月静好只是表象，即便没有鸡飞狗跳，日复一日的柴米油盐，也会将当初的激情损耗殆尽。更何况，谢道韫对王凝之从来就没有过热情。因为一结婚，谢道韫就发现，王凝之完全就不是她想象中的样子，或者说，婚姻根本就不是她想象中的样子。

　　琅邪王氏的花轿，是配得上谢家门第的。只可惜，那个人，并不是对的人。

　　童话里的美好都是骗人的，王子和公主并没有过上快乐的生活。

4

客观来说，王凝之是个挺实在的小伙子，还是很适合做丈夫的。他没有养虱子、裸奔这些奇奇怪怪的癖好，也没有乱搞男女关系，而且还继承了老爸王羲之的书法才华，隶书草书都写得有两把刷子。或许大部分普通人家的女孩子，都会崇拜王凝之在书法上的造诣，或者倾倒于他名门之后的风范。可是对见过大世面的谢道韫来说，王凝之真的太普通了。没有对比，就没有伤害。如果说王羲之是书法上的"王者"，那么王凝之只能算是个"青铜"。

最令人无语的是，王凝之的很多言行举动都是智商不够的样子，甚至让人怀疑他不是王羲之这个大书法家亲生的，而是某个地主家的傻儿子。谢道韫无数次地在心底发出疑问："不是吧不是吧，王家咋还有这么个玩意儿？"

就比如，王凝之是五斗米道的狂热粉丝，信教信得格外虔诚。天天焚香念经，搞封建迷信。生活中遇到了任何麻烦事，他都不动脑子，尽指望着自己所信奉的天神可以帮他解决问题，排忧解难。他自诩为"王半仙"，人生终极梦想就是羽化登仙，而现在是他在人间修炼。关于王凝之，历史记载的要么是他做的荒唐事，要么就是他老婆谢道韫对他的吐槽。

谢道韫在王家过得很是憋屈，结婚后没多久，谢道韫就跑回了娘家，成日拉着一张脸，不知道的人还以为她死了老公。谢安一看谢道韫不高兴了，就关心道："宝贝侄女啊，你怎么不开心啊？侄女婿对你不好吗？照理说他是王羲之的儿子，人品和才学都不错啊，你咋会不满意呢？"谢道韫叹了口气说："我们谢家的兄弟个个都很厉害，我还以为和我们家齐名的王家也全是人才呢，可是怎么偏偏出了我老公王凝之这么个憨货呢！"《世说新语》中记载的谢道韫的原话是："不意天壤之中，乃有王郎！"后世还衍生出了个成语叫作"天壤王郎"，意思就是天地之中怎么还有这种人？

来自妻子的官方吐槽，最为致命。

虽然历史典籍中并没有关于谢道韫与王凝之婚后生活的详细描摹，但通过谢道韫这么一句"天壤之中，乃有王郎"，我们可以想象谢道韫有多嫌弃她老公了。然而客观来说，王凝之并没有谢道韫说的那么糟糕。

首先，作为一个丈夫，他并没有做什么伤害妻子的事，什么出轨劈腿养小三，历史上都从未提及，可见王凝之并不是我们现在所说的渣男。其次，他的个人爱好——信教炼丹，虽然有些荒唐，但有一说一，这并不全是他的错，因为王家的家族传统就是信教。他的老爹王羲之和族中的其他兄弟，也都是五斗米道的忠实粉丝。再者说来，虽然谢道韫说王凝之是"天壤王郎"，让人以为他真是个一无是处的窝囊废，但事实并非如此。史书记载王凝之担任过江州刺史，官职并不小。所以说，虽然谢道韫向叔父谢安吐槽自己老公平平无奇，但好歹王凝之过人的家庭背景和家族基因摆在那儿呢。平心而论，王凝之算是个合格的丈夫，他能给妻子儿女提供衣食无忧的生活，不乱搞男女关系，自己在事业上还有点成就，照理说这样的婚姻是很多女人梦寐以求的。

可谢道韫觉得，自己这辈子最大的败笔，就是嫁给了王凝之。

肯定有人会觉得，谢道韫怎么这么不知足呢？

这段婚姻的问题就在于，谢小姐本人太优秀了，几乎没有男人能和她相匹配。所谓"曲高和寡"就是如此。她理想中的夫君，文能填词作赋，陪自己吟风弄月，武能保家卫国，守护一方百姓。就像现在很多有颜值有学历有能力的女孩子，一直找不到合适的伴侣。很多人都会觉得，这些女孩太挑剔了。可对有着更高人生追求的女孩子来说，找一个和自己三观不同、差距人大的老公，只会给自己添堵。

5

不幸的婚姻各有各的不同，而幸福的婚姻都有一个共同点，就是两个人彼此理解，相互扶持，有着共同的理想和追求。说白了，就是精神上相契合，两个人是彼此的灵魂伴侣。

而王凝之和谢道韫这一对夫妻，就是一个典型的反面例子。他俩向我们生动诠释了，两个人生追求完全不同的人，硬凑到一块生活会有多么闹心。

谢道韫是个见冬雪如风中柳絮的诗意女子，可王凝之是个不懂吟风弄月的大直男。想象一下，每当白雪纷飞之时，谢道韫都想踏雪寻梅，遍赏美景，重温当年"未若柳絮因风起"的心境。可王凝之呢，只会冷得不停搓手，一个劲地说："老婆啊，太冷了，咱们进屋吧，这雪有啥可看的。"或许有人要说，结婚又不是谈恋爱，哪有那么多风花雪月，到头来不都是柴米油盐，生活琐事吗？的确，生活是要回归平淡，回归柴米油盐酱醋茶，可是生活也需要浪漫，需要调味品，需要一点琴棋书画诗酒花。王凝之于谢道韫，就如同一个合住室友，只是凑合着过日子而已。至于两个人的精神世界，从来就没有产生过共鸣。

谢道韫少女时代对婚姻的美好幻想，全被王凝之打碎了。

王凝之已经感受到了谢道韫很不待见自己。在王凝之眼里，他的妻子是如此高冷，总是一副拒他于千里之外的样子。一看见谢道韫冷冷的目光，王凝之立马就怂了。偶尔鼓足勇气示好，也被谢道韫冷脸打回去了。久而久之，王凝之也就破罐子破摔了，全身心地投入他的修仙事业。每当两人不得不共处一室时，空气总是安静得让人尴尬。或许有人要说，这样一段苍白的婚姻，干脆离了拉倒。可是谢道韫从小接受的良好教育，迫使她不得不将这份体面维持下去。

再者说来，古代夫妻离婚是一件很麻烦的事。首先男人是不可以随意休妻的，得严格遵守"七出"的标准。"七出"指的是不孝顺父母、生不出孩子、出轨别的男人、嫉妒心太重、得了严重的疾病、长舌挑拨离间，以及盗窃财物。而女性呢，更不可以主动提出离婚。虽然有"和离"一说，也就是和平分手，但是到了唐代才正式将和离制度写入法律，并且女方是不可以主动提出和离的。到宋代，女性才有了主动提离婚的权利，但是提离婚是要付出代价的，甭管是不是丈夫的错，女子都得蹲两年的监狱。我们现在所说的和平分手，像什么"这一世，夫妻缘尽至此。我还好，你也保重"，如此轻轻松松、岁月静好的离婚，在古代几乎不可能发生。

名存实亡的婚姻真是让人抓狂。那种压抑和沉闷的感觉，快把谢道韫逼成一个绝望主妇了。谢道韫看着丈夫一闲下来就在作法贴符，搞得像个捉鬼道士，而自己每天还得和这个捉鬼道士同床共枕，心中烦闷不已。而这时候，她发现自己有了身孕。谢道韫的人生，已经彻彻底底地和王凝之捆绑在一起了。

她想："罢了罢了，既然如此，我只管好好养大我的孩了，其他的，都不管了。"

然而本应是一家之主的王凝之沉迷五斗米道，对家中大大小小的事情全都撒手不管，谢道韫无奈，只好当起了家。家中日常开销的账目有了出入，仆人们最近犯懒懈怠了没做家务，孩子太顽皮到处乱跑不好好学习。一桩桩、一件件琐碎之事，天天等着谢道韫去操心。原来生活就是鸡零狗碎，婚姻就是一地鸡毛。

忙完一阵家务琐事后，谢道韫也会抽空怀念一下结婚前的闺阁生活。那时的她，在满院落花里抚琴，在习习春风中练字，在天朗气清惠风和畅的日子里，和谢家兄弟们去山间兰亭畅叙辞赋，流觞曲水，发怀古之幽情，诵明月与清风。那年的她写下《泰山吟》，直言自己想沉醉自然间，与山林相伴终老：

> 峨峨东岳高，秀极冲青天。
> 岩中间虚宇，寂寞幽以玄。

非工复非匠，云构发自然。

气象尔何物，遂令我屡迁。

逝将宅斯宇，可以尽天年。

自由自在的闺阁生活似乎已经很遥远了，曾经的谢小姐，如今成了王夫人。曾经随意披散的青丝，如今被一丝不苟地盘成发髻。端庄、贤淑、稳重，这是她现在的角色定位。

仆人又来禀报家中事宜了。谢道韫回过神来，她知道自己现在的职责，侍奉公婆的礼数不能忘却，亲眷妯娌的关系要打点妥当，孩子们的教育不可耽搁。她是王家的媳妇，是王凝之的妻子，是孩子的母亲，最后才是她自己——谢道韫。

好累啊。终于到了晚上，一天的杂事都处理完了，孩子也都睡觉了。谢道韫终于能沉浸在自己的世界里，赏一赏如水月色了。只是山中月成了院中月，从来就不知她心底事。嫁了一个话不投机的丈夫，心中的无奈，只有自己知道。

为了维持一份体面，谢道韫还得演出一个幸福妻子的模样给别人看。凡是遇上家族聚会，谢道韫和王凝之都心照不宣地配合着彼此的表演，演出一对琴瑟和鸣的夫妻模样。在外人看来，他们门当户对，相敬如宾。而私下里，他俩谁也不理谁，各过各的。

围城之中的岁月，数十年如一日，而一日又漫长得如同一年。

6

此时东晋王朝已经濒临崩溃，内乱频发。399 年，孙恩起义爆发了。起义军先是进攻并占领了浙江上虞，接着就准备进攻会稽郡城山阴，也就是如今的浙江绍兴。这里的一把手，就是王凝之。王凝之虽然个人能力很一般，但有他老爸和整个王氏家族撑腰，他的官运一直都挺好。

面对虎视眈眈、即将发起进攻的敌军，王凝之作为一把手，照理说应该积极备战，尽力保护城内百姓的安全。但王凝之似乎心理素质格外好，眼看着敌人就要来了，他依然整天优哉游哉的，喝喝茶，逗逗小孩，要么就是把自己关在屋子里，谁也不知道他在里面捣鼓啥。王凝之手下的幕僚实在看不下去了，苦口婆心地劝他："王大人啊，大敌当前，您可要抓紧时间布防，赶紧准备着对付敌人啊。"可王凝之一脸信心十足地回答道："你们就别大惊小怪啦，本大人自有妙计。"幕僚们追问道："大人的妙计为何呢？"王凝之得意一笑："我天天都向道祖祈祷，他终于被我的诚心感动啦，专门请了天兵天将来帮我们守城，我们必胜！"说完又钻进小黑屋去和他的天神商讨大事了，扔下一群幕僚在那儿目瞪口呆，面面相觑。

谢道韫眼看着生死关头，老公却依然一副不靠谱的样子，急得嘴角都快起泡了。于是她试着劝谏王凝之："老王啊，你作为地方官，职责是保护一城百姓，如今敌军就要来了，你倒是想想应对之策啊。"王凝之一看日常高冷的老婆主动和自己说话了，还挺开心，他得意扬扬地对谢道韫说："夫人莫急，一切尽在为夫的掌控之中，你就别操心啦。"

呵呵，果然是朽木不可雕也。谢道韫气得翻了个大大的白眼，拂袖而去。

谢道韫知道老公是指望不上了，但她心想，自己作为地方长官夫人，不能置一城无辜百姓的生命于不顾啊。于是她招募了数百家丁，开展了紧急的战前培训。

然而临阵磨枪的家丁们和训练有素的起义军军队，就像是普通颜值的路人和当红女明星合照，妥妥地被无情吊打。孙恩率领着军队排山倒海而来，长驱直入攻进会稽。王凝之此时还不知醒悟，口中依然念念有词："天灵灵，地灵灵，天兵天将快显灵！"然而他是等不到他信奉的天神赶来帮忙了，因为杀红了眼的敌兵已经对着他举起了大刀。

王凝之吓得屁滚尿流，大叫道："且慢且慢！可否等我请的天兵来了我们再战？"那个敌兵心里嘀咕了一句"什么玩意儿？"，然后就一刀下去结束了王凝之的性命。王家的子女仆从们，死的死，伤的伤，曾经奢华昌盛的王家，此时却仿佛人间炼狱一般。

谢道韫眼睁睁地看着自己的义夫和孩子仕眼前惨死，心痛万分。她率领着王家的女眷们出城迎敌，随手拿起兵器就要跟敌军拼个你死我活。反正横竖都是一死，还不如舍命一搏，倒也轰轰烈烈。然而她们一群书香世家的弱女子，平时连只鸡都杀不了，此刻怎敌训练有素的起义军？很快她们就被孙恩轻而易举地俘获了。

谢道韫绝望了。她紧紧搂着她年仅几岁的外孙刘涛，冲着孙恩喊道："事在王门，何关他族！必其如此，宁先见杀。"也就是说："你孙恩要跟我们王家人过不去，我认了。可我的外孙是刘家人，是无辜的，你们要杀要剐尽管冲我来吧。"此刻的谢道韫神情坚毅，脸上丝毫没有胆怯之色。孙恩也曾是琅邪士族，早就听说谢道韫是个才德兼备的传奇女子，如今又见她虽为一介弱女子，却一副大义凛然毫不畏惧的样子，心中不由得非常敬佩，便将谢道韫和她的外孙都放了。

从大难中活下来的谢道韫，心中几乎万念俱灰。她又痛又恨，痛的是至亲惨死，丈夫和子女无一幸免于难；恨的是王凝之对叛乱毫不作为。若不是他迷信玄道，指望着天兵天将来击退敌军，自己的孩子们也不会无辜受害。可是如今，斯人已去，尸骨未寒，再责怪愤恨又有什么用呢？

到底是所嫁非人，才酿成今日惨剧。

7

孙恩起义平定后，谢道韫便带着外孙寡居会稽。又是一年白雪纷飞之时，可她再也不复当年心境。谢道韫的话变得更少了，除了打理府中事务，她便倚窗读书写诗，过着有如隐士一般的生活。

曾经那么煊赫的王家谢家，如今却已七零八散。

偶尔她也会想起当年初嫁王凝之时，自己是那么意气风发。

谢道韫不仅是作诗上的才女，她在玄理上也颇有造诣。所谓玄理，就是一些脱离现实的抽象问题，比如：我是谁？我生从何来，死往何处？我为何要出现在这个世界上，我的出现对这个世界意味着什么……而文人雅士凑在一块谈玄论道，进行哲学辩论，被称为清谈，这在魏晋时期是一种人人跟风的时尚。古代四大美男子之一的卫玠，是晋朝有名的玄学家，据说他就是因为沉迷玄理，彻夜清谈，整宿整宿地不睡觉，光顾着和人辩论。结果身体日益虚弱，最终体力不支，竟然累死了。可见那时的人们有多痴迷于清谈了。

有一次，谢道韫的小叔子，也就是吴兴太守王献之，在厅堂上与客人讨论玄理切磋口才，就相当于是一场小型辩论比赛。谢道韫一直对此很感兴趣，便在内室偷听。

为什么她不能大大方方地出来听呢？因为按照封建礼教，女子是不可以随便抛头露面的。一直以来，即便一个女性再怎么有才情，她也很难被允许独自美丽，而是红袖添香在一个男人身侧。好像这样柔软又美丽的女性，就应该被隐藏在男性的锋芒之下，低眉顺眼地做他们的陪衬。

辩论了几个回合下来，王献之渐渐理屈词穷，无力招架。谢道韫心里那个着急啊，简直想要女扮男装出去帮小叔子一把。情况紧急，眼看着王献之被来客呛得说不出一句话来了，尴尬得恨不得找个地洞钻进去，这丢的可是堂堂王家的脸面啊。谢道韫便派随身婢女告诉王献之，"欲为小郎解围"。随后谢道韫让婢女在门前挂上布帘，自己就在帘后，就刚才的议题与对方继续交锋。

来客万万没想到，一个小小女子，竟有勇气当场和自己切磋辩论，而且还字字珠玑，句句在理。在谢道韫的雄辩下，那位客人渐渐无力反驳，不得不甘拜下风。才女就是才女，真是厉害啊，王家的媳妇果然不简单。

那时的谢道韫还年轻，一身的英姿飒爽。这么多年下来，她的棱角仍然没有被磨灭。新上任的会稽太守听说了谢道韫的事迹，特意登门拜访，一番交谈过后，感慨王夫人"风致高远，词理无滞"。《世说新语》中记载时人大赞她"神情散朗，故有林下风气"。

后来的谢道韫，一个人孤独终老。她没有再嫁，也没有找个人陪伴自己的黄昏岁月。她这一生，诗词作得那么好，玄理解得那么妙，可是对于自己的婚姻，她始终困惑迷惘。困在围城中的谢道韫，一直都没搞明白情为何物，婚姻又有何意义。

此生不曾轰轰烈烈地爱过一场，好遗憾啊！

难道情志高远的才女，注定要孤独一生吗？或许是曲高和寡，知音难觅。这世间，并无几人配得上这样的奇女子。纵使遇到志趣相投之人，一旦进入婚姻这座围城，又必然会一同面对平淡如流水的日子。卓文君和司马相如，为爱私奔，可即便曾经鲜艳如花的爱情，在似水流年的冲洗下，也会褪去颜色；再炽热的情思，也有冷却的一天。热恋过后，该如何应对生活中的柴米油盐、家长里短？有人能把鸡毛蒜皮的日子过成优美的诗，与另一半恩爱到白头；可也有很多人在婚姻的围城中磕磕碰碰，跌跌撞撞，不知前路在何方。

谢道韫一个人垂袖立于院中，她一身寂寞，叹息不语。又是落花时节，簌簌落落如雪乱，拂了一身还满。她渐渐湮没在落花里，她的一生，也就此落幕。

苏 小 小

（ 4 7 9 — 5 0 2 ？ / 南 北 朝 ）

小小玻璃心，一碰就碎了

苏小小

1

西泠桥畔有一处小小的坟冢，一个叫苏小小的女子被葬在了这里。她死去的时候，才二十来岁。这个女子的一生如此短暂，就像湖畔的一片花瓣轻轻地落下了。可是这缕芬芳，却始终飘散在文人墨客的诗词间。那些风雅居士仿佛是猜中了苏小小的心思，知道她还没看够这西湖的空蒙山色和潋滟水波，便让这个香梦沉酣的少女在他们的笔下一次次醒来，再次乘着油壁车，悠游于西子湖畔。

她永远都不曾老去。

一千五百多年前，钱塘江畔的春风，吹开了杨柳深处一户人家的大门，这缕春风又穿过深深的庭院，吹开了掩着闺阁的重重帷幔。于是我们得以窥见那个倚在窗边读书的少女，得以窥见她优美的身影和莲花般开落的绝美容颜。她的皮肤白得仿佛透明，这是江南的烟雨和优越的生活条件所滋养出来的白皙细腻。她的眉眼处处透着灵动，小小的嘴巴抿成了一颗鲜艳欲滴的红豆。

女娲造人时一定对她格外偏心，才捏出了这么一个精致的瓷娃娃。

这个被养在深闺人不识的小美人唤作苏小小。苏家祖上做官，到了苏小小老爸这一代，就开始做生意，也算是个有钱的大户人家。苏小姐从小就住着湖景别墅，穿着名贵衣裙，这样被富养着宠爱着长大的女孩子，身上都有一种不谙世事的娇贵和出尘脱俗的纯真。这种纯粹的美丽，是衣食无忧的生活带给她的。若是贫苦人家的女孩子，天天为了生计操劳奔波，再好的底子都能给折腾没了。

苏家夫妇对这个唯一的女儿视若珍宝，含在嘴里怕化了，揣在兜里怕掉了。从未经历过世间风尘的苏小姐，纯净得就像清晨坠在叶尖的露水，晶莹剔透，却也倏忽易逝。

照理说，古代大户人家的小姐是不能天天在外面撒欢乱跑的，但疼爱女儿的苏老爷知道小小喜欢游山玩水，便也由着她去了。因此苏小小的闺阁生活是非常自由的，她生活里有一半的时间，都在西湖边上欢快地玩耍，扑蝴蝶，放风筝，玩累了就坐在湖边吹吹微风，看看流云。

不过苏老爷也没有完全将女儿放养在山野间，他虽然自己从商，却保留着苏家祖上温书习字的家风，很重视培养下一代的道德修养和文学功底。因此苏小小另一半的时间，就宅在家里看书写诗。苏老爷并不会逼着苏小小看枯燥乏味的女德女训，而是鼓励她看些自己喜欢的书，丰富自己的精神世界。苏小小格外热爱诗词，她觉得那些平平仄仄的诗词就和西湖的风月一样，都是那么灵动美好，充满了生命力。

苏小小就这样在西湖山水的滋养下和诗词歌赋的熏陶里快快

乐乐地长大了，她既有着小女孩的娇憨，又有着文艺少女的风雅。苏老爷看着亭亭玉立的女儿，心下宽慰，他常常对小小说："女儿啊，老爸希望你快乐，能一辈子做你喜欢做的事，爸妈永远是你强大的后盾。"

2

然而这话说了没几年，苏家就发生了重大变故。

小小十五岁那年，她的爸爸妈妈突然都去世了。似乎所有在历史中留下姓名的美女，都会有一个悲惨的身世，而亲人早逝或者家道中落，则是标准配置。苏小小也没逃过这个劫数。对任何人来说，这都是一个无比沉重的打击，更何况是从小就被小心呵护的水晶人苏小姐。

不过苏小姐的内心，比我们想象的要强大得多。虽然哭得两只眼睛都肿成了桃子，但她很快就冷静了下来，默默地对自己说："爸妈肯定不希望看到我天天这么以泪洗面，我得振作起来，坚强快乐地活下去。"小小仿佛一夜之间长大了，她变卖了家产，然后带着乳母贾姨搬到了西泠桥畔，住进了一栋别致的小楼里。

苏小小并没有因为遭到打击就一蹶不振，天天抱怨命运不公。相反，她每天醒来都活力满满，将自己的小日子过得美滋滋的。清晨第一缕鲜嫩的阳光唤醒她的倦容，四时流转的光影跳跃在她的指尖，西湖潋滟的水波荡漾在她的心田，湖畔的浅草疏花迷醉了她的双眼，深夜如水的月色陪伴她入眠。苏小小心想："世间还有那么多的好景色等着我去欣赏呢，我又干吗要执着于痛苦呢？"

世界以痛吻我，而我回报以歌。

苏小小的可爱之处，就在于她在面对生命中的种种无法承受之重时，却始终保持着一份难得的轻盈。小小将自己的房间布置得幽雅精致，迎湖开了一扇圆窗，西湖的朝云暮雨便都被她尽收眼底。她给自己的小房间取了一个好听的名字，叫作"镜阁"，窗户两旁还挂了一副对联，上面是苏小小娟秀的字迹："闭阁藏新月，开窗放野云。"

这小楼里藏的何止是月色和流云啊，更有一个跌落人间的小仙女。正是因为苏小小的存在，这西子湖畔才更添了几分灵气和仙气。或许原生家庭条件优越的女孩子，在面对种种不如意的时候，会比别人多出一份底气和勇气。在很多很多的爱里长大的苏小小，内心就像住了一个小太阳一样，既可以温暖自己，也能够照亮旁人。

当然了，除了内心的强大，物质条件也起了关键作用。虽然生活条件比不了过去在闺阁中做大小姐的时候，但父母留下的积蓄还是够小小过一段时间的小资生活的。相比之下，同样是美女兼才女，也同样经历了人生变故的鱼玄机，却只能流落烟花地，住着租金最便宜的房子，给妓院洗衣服赚生活费，而不是像苏小小这样，还能择一处自己喜欢的小楼，当个闲云野鹤悠游于湖光山色间。世界就是这么残忍现实，同样是难过的时候，有钱的女孩可以品着昂贵的美酒，在微醺中对月垂泪，而贫穷女孩连哭的时间都没有，因为还有一堆脏活累活等着她做。正是应了那句被说烂了的老话：钱不是万能的，但没有钱是万万不能的。

　　然而钱终有花光的一天。苏小小过惯了优渥精致的生活，并不知道精打细算过日子，所以爸妈留下的钱没多久就用完了。苏小姐看着越来越瘪的钱包，心里有些慌了。都怪自己买化妆品和绫罗衣裙的时候眼睛都不眨，现在"剁手"是来不及了，之后的日子可咋过呢？现在摆在她面前的有两条路：第一，嫁人，靠老公赚钱；第二，当歌伎，靠自己赚钱。

3

　　嫁个有钱人，是解决当下生计问题的好办法。此时苏小姐已经到了嫁人的年纪，虽然她身边没有催婚的七大姑八大姨，但作为一个美丽又有才情的单身女孩，苏小小成了婚恋市场上的香饽饽，天天都有一拨拨的媒婆帮着各家少爷上门说亲，几乎要踏平了苏小小家的门槛，但她一一谢绝了。

　　其实苏小小身边并不缺优质的单身男青年，毕竟当鲜花盛开的时候，蜂蝶自然就来了。多少帅哥才子、富家少爷闻讯而来，只为一睹佳人风采。钱塘的富二代们争着给苏小小送花送礼物，但苏小姐对于这些追求自己的男青年并没有什么兴趣，她顶多和他们中腹有诗书的聊聊文学。谈词论赋可以，谈恋爱结婚可没门。苏小小心想，不是本小姐喜欢的人，凭你再有钱再牛也没用。

　　而且，或许苏小小早就深谙一点：靠男人，不如靠自己。结婚生子，是一个女人一生最大的赌博，特别是当她要依附于所嫁之人的时候。既然有求于别人，那自己也要做出相应的牺牲，付出相应的代价。或许这也是古代女子的命运大多十分悲惨的原因之一。当社会生产资料都掌握在男性手中时，女性便只能成为他们的附庸。没有独立生存、养活自己的能力，那就没有话语权。他可以随时潇洒离开，你却不能没有他，只能一再卑微，一再退让，低进了尘埃里。

再者说来，苏小小虽然长得乖巧可人，却有着一颗放荡不羁爱自由的心。她并不想和世间千千万万的女子一样，早早地被禁锢在婚姻的围城里，更不想为了寻找一个经济依靠而结婚。苏小小心想："我的人生我做主，要嫁人也得嫁给我最喜欢的人，不然还不如一辈子单身呢。"或许她的这种想法，放在现在看来并不新鲜，毕竟新时代的独立女性们，已经把这当作自己的人生信条。但是在当时的社会，这是非常叛逆并且超前的。当所有女人都柔顺妥帖、心甘情愿地成为一个男人的附庸时，苏小小却固执地想要独自美丽，拥有自由的灵魂，过自己理想的生活。

既然想要自由，那便只剩第二条路了，就是当歌伎。这歌伎和普通的妓女可不一样，是卖艺不卖身的，说白了，歌伎就是歌舞女艺人，靠的是才情。不过当然了，明面上说不卖身，但既然是当艺人，免不了会周旋于各色男人身边，卷入各种浑水之中，要想出淤泥而不染，是很难的。但苏小小是个有原则有底线的女孩：首先，她绝不以出卖美色换取利益；其次，并不是所有人都有资格和苏小小见面的，苏家小楼只欢迎小小看得上的客人。

苏小小每周都在自己的小楼里举办文化沙龙，以诗会友，和各路文人雅士聊天品茗、吟诗作画。一时间，钱塘的公子少爷们都以能参加苏小姐的诗词派对为莫大的荣耀。能混入这个社交圈的，必须是真正懂得诗词歌赋的风雅才子。那些庸俗的市井之流和土大款，一律都被拒之门外，就算砸再多银子也没戏。

这就有点类似于民国时期，林徽因举办的文艺沙龙。徐志摩、金岳霖、胡适等文化名流聚集于林徽因家的客厅，畅谈文学艺术，谈笑风生，好不风雅快活。也许有人觉得，苏小小这一出，和大唐才女鱼玄机的"诗文候教"也挺相似的。实际上并不是。鱼玄机是以切磋诗文为由钓男人，陪着她纵情声色，放浪形骸。而苏小小和那些文人才子，只是单纯地谈词论赋。生活所迫，她堕落风尘，却并没有让自己堕落。她懂得自尊自爱，所以来访的客人也都很尊重苏小小，只是远远欣赏，并不会亵玩。

人必自重而后人重之。

即便苏小小有自己坚守的原则，但她成天和一帮男人在一块玩，没有老老实实地嫁人生子，还是会落下话柄，被那些满口男女之大防的封建礼教卫道士在背地里嚼舌根。风言风语传到了苏小小耳朵里，有说她作为一个姑娘家行为太不检点的，有说她打着谈论诗词的旗号勾引男人的。但苏小小才不在乎呢："本小姐喜欢怎样就怎样，你们管得着吗？"

走自己的路，让别人说去吧。

4

闲着没事的时候，小小便出门溜达溜达，赏一赏西湖。西子湖畔的好山好水真是看不尽啊，苏小小甚至怀疑自己前世就是长在湖畔的一棵柳树，今生化作人形，仍然对这片山水爱得深沉。

夏天的傍晚，小小就驾一叶小舟，摇着小桨采红菱。秋天桂子飘香的时候，她便踏着月色去山中寺院，闻香寻桂子。到了冬天呢，怕冷的苏小小就宅在自己的松柏小楼里，让贾姨支个火炉，一边取暖，一边烤红薯吃。

冬天过去，便到了苏小小最爱的春天。可是江南春天的雨最是缠绵不休，苏小小就在自己的小楼里听了一夜又一夜淅淅沥沥的春雨。在家里待了好些日子，闷得都快发霉了。小小百无聊赖地趴在窗口，心想这雨啥时候停呢，好想出去赏春啊。

现在我们女孩子，春天的时候总喜欢和姐妹外出踏青野餐，带着一大包零食，打扮得漂漂亮亮的，在明媚的春光里叽叽喳喳地聊八卦新闻，拍照片。这份少女心思之于千百年前的苏小小也是一样的。等到天气终于放晴的时候，小小便请人做了一辆油壁车，带着乳母外出春游。苏小小最喜欢这样温暖的天气了，心情大好的她特意化了个美美的妆，穿上了美美的裙子。明媚的阳光照耀着她，更显得佳人姿容胜雪、眉目如画。

每当苏小姐出街的时候，路边总有行人忍不住偷偷看她，小声讨论着这个女孩怎么这么好看，是不是哪位女明星出街啊。我们的率性女孩苏小小便大大方方地作诗回应道：

燕引莺招柳夹途，章台直接到西湖。

春花秋月如相访，家住西泠妾姓苏。

当苏小小在湖边看风景的时候，看风景的人也在看她。这一道西子湖畔最为旖旎的风景，就这么映入了一个骑着青骢马的公子眼中。这位公子名叫阮郁，是一个名副其实的高富帅，他不仅长得玉树临风，身份也十分金贵，是当朝宰相之子。当时阮公子也正带着仆人游春，他的青骢马踏过湖畔的落花，带来了一路的花香，也带来了甜甜的爱情。

苏小小走下油壁车，她一抬眸，便注意到了不远处桥上骑着马的公子。这位大帅哥在来来往往的游人中自带光环，闪闪发光，想不注意到都难。而让苏小小心跳加快的是，她看见这位公子的目光，也正灼灼地向自己投来。

春风吹乱了她的头发，而眼前的公子搅乱了她的心。

一千多年前的少年和少女，在遇到爱情的时候，和今天的我们并没有区别。他们和我们共享着明月春风，也共享着一份美好的感情。这种悸动绵延千年，从未磨灭。我能够想象情窦初开的苏小小，在见到心仪的男孩子时，有多么开心激动，多么想和这个男孩子相识、相知、相恋。苏小小虽然是个潇洒随性的女孩，但在面对喜欢的人时，她还是有些害羞，苏小小在帅哥炽热的目光里红了脸颊，慌乱地躲进了油壁车里。

5

这一晚苏小小躺在床上辗转难眠，她满脑子都是白天看到的英俊公子。也不知道他是谁家公子，叫什么名字，是不是单身，有没有喜欢的女孩，会不会主动来找她呢？天都快亮了的时候，苏小小才在胡思乱想中潦草睡去。她做了一个美梦，梦里她和昨日遇到的帅哥手拉着手在西湖边上散步赏景，要多甜蜜有多甜蜜。第二天清早，苏小小家门口响起了一阵敲门声。被声响吵醒的苏小小有些生气，她心想："谁这么不识趣啊，一大早打断了本小姐的美梦。"然后她慢吞吞地披上外衣，半梦半醒中顶着两只熊猫眼去开门。

门打开了。熹微晨光里，正站着她梦中的公子。

苏小小瞪圆了眼睛，她以为自己还没睡醒，一下愣在那里。直到眼前的公子笑着开口道："这位姑娘，你是在梦游吗？"

苏小小回过神来，她突然意识到自己还没化妆没洗头，一下又羞红了脸。可是公子好像一点都不介意，他还是一脸笑意地看着苏小小，温柔的目光似乎能把人融化。苏小小闻到了空气中飘来一阵酸甜的香气，想来那就是爱情的味道吧。

世间最幸运的事情，莫过于自己喜欢的人也喜欢自己。两情相悦，是多么美好的事啊！

这天下午，苏小小便开开心心地和阮公子一起出去玩了。她没想到，这个公子不仅长得帅，还腹有诗书，吟诗作对都不在话下。阮公子明明可以靠颜值吸引人，却偏要靠才华，这让同样热爱诗词的苏小小对他大有相见恨晚之感。两个人就在堤边柳下谈天说地，恰是金风玉露一相逢，便胜却人间无数。

才子和佳人，邂逅在醉人的春光里。他们就跟每一对热恋中的小情侣一样，一起品尝西湖龙井，一起去集市上买藕粉桂花糖糕，一起欣赏温柔的月色，恨不得一天二十四小时都在一起。

沉醉在爱情里的苏小小，可用一首诗来形容。

妾乘油壁车，郎骑青骢马。何处结同心，西陵松柏下。

一时间，追求苏小小的公子少爷们全都失了恋，还被塞了一嘴"狗粮"。不过这一对璧人在一起的画面可真是养眼，谁见了都忍不住给他们点个赞。

值得点赞的不仅仅是这段美好的爱情本身，更是苏小小大胆表白心上人的潇洒恣意。这就相当于男方还没主动开口求婚呢，女方就已经表明了态度立场：此生定要与你永结同心。人人都说女孩子要矜持，要含蓄，要等着男人主动。但苏小小才不想被那些世俗的条条框框束缚住呢，她就是要大大方方地说出对心上人的喜欢，她就是要全世界都知道，她苏小小，真的超级喜欢阮公子。

在崇尚女子以含蓄为美的年代，女孩子对于自己内心爱恨悲欢的表达，大多都是很委婉克制的。而苏小小如此直白地表露出自己对心上人的喜欢和对美好爱情的期待，足以见得她是活得多么恣肆洒脱的一个女孩子。千百年来，儒家的克己复礼和三纲五常始终束缚着人们的精神世界，而广大女性更是被压抑的一个群体。她们沉默千百年，情绪的流露永远是婉转内敛的，开心时是"媚眼含羞合"，伤心时是"深坐蹙蛾眉"，可苏小小是一抹活泼明艳的色彩，热烈地泼洒在淡妆素裹的西湖边上。

6

然而个人的生命态度，从来就无法独立于时代的大潮而存在。苏小小再有个性，再有棱角，她都还是得面对封建礼教垒起的层层高墙。一个诗伎，天天和一帮男人打交道，就算她再怎么洁身自好、坚守底线，人们也不会相信她是纯洁的。堕入风尘，就已经背负着一种原罪。文人墨客们会去同情怜惜一个青楼女子，会写下无数清词丽句赞美歌颂她，但几乎没有人会八抬大轿把这个女子娶回家，真正地给她一个安稳无忧的未来。诗伎歌伎从来就是美丽而忧伤地活在文学诗词里，她们永远不会老去，或者说，她们从来就无法以一个妻子的身份，进入一个男人的现实生活中，陪着他柴米油盐、白头到老。

苏小小也不例外。

阮郁的老爸是当朝位高权重的宰相，他听说自己的儿子天天和一个钱塘诗伎厮混在一起，气得胡子都歪了。他想："我这个堂堂宰相的儿子，怎么能和一个青楼女子谈恋爱呢，真是败坏家风。"于是他立刻寄出一封家书，催促儿子切莫贪欢温柔乡，及早启程把家还。

阮郁虽然知道他老爸很不赞成自己和苏小小之间的感情，但他实在太喜欢这个女孩子了。阮郁心想："哪怕没有老爸的祝福，我都要和小小在一起，今生今世绝不辜负她。"于是阮公子屡屡违抗父命，仍是迟迟不归。阮老爷子在京城气得要命，却也无可奈何。毕竟钱塘离京城那么远，自己也是鞭长莫及，想管都管不了。

于是阮郁和苏小小又做了一段时间的神仙眷侣。直到有一天，阮郁收到一封家书，阮老爷子在信中说自己病重，怕是命不久矣，要儿子快快回家尽孝。这可把阮郁急坏了，他只能暂时和苏小小告别，走之前阮郁将她紧紧抱入怀中，对小小说道："等我料理完家事，定会回来娶你。"

苏小小哭成了个泪人，她当然不想和深爱的阮公子分别，可男朋友的老爸生病了，自己也不好挽留。于是苏小小将阮公子送了一程又一程。送君千里，终须一别。那一天苏小小在路边站了很久很久，目送着阮郁离开，直到他变成道路尽头的一个小黑点。

然而他们两人都没想到的是，这一别，竟是永别。

原来阮老爷子说自己病重，只是一个把儿子召回来的借口。阮郁刚到家，就被锁在府中禁足了。阮郁也挣扎反抗过，但胳膊到底拧不过大腿，最终他还是从了父母之命，娶了一个门当户对的女孩子。阮郁这个人，从此就这么消失在了苏小小的生命里。

或许不被父母看好的感情，的确很难善终。

而对此毫不知情的苏小小，还是守着小楼等啊等。没了阮公子的西湖，好像也不如往日那么动人了。那一泓碧水，见证着多少爱情的来去。那段时间苏小小和任何一个刚失恋的女孩子一样，做什么事都提不起劲。懒起画蛾眉，弄妆梳洗迟。她徘徊在堤边柳下，明晃晃的阳光里，恍惚间又见那个鲜衣怒马的公子。他的誓言，犹在耳畔，他温暖的拥抱，似在昨日。可是寄出的书信都石沉大海，阮公子也始终没有回来，小小心里渐渐明白了，自己和这个人，终究是没有缘分。

那又何苦"夜夜常留明月照，朝朝消受白云磨"？她拿得起，也放得下。痛痛快快地爱过，就足够了。既然无缘，那从此以后便一别两宽，各生欢喜。

敬往事一杯酒，再爱也不回头。

<h1 style="text-align:center">7</h1>

小小大醉了一场。第二天起来，她认真地梳洗打扮，穿上明艳的衣裙，又乘着油壁车出门游山玩水了。她重新举办起了诗词沙龙。一时间松柏小楼前又是宝马香车络绎不绝。没了谈情说爱的男朋友，还有谈词论赋的知己好友。小小很快收拾好心情，西子湖畔的小仙女，又回来了。

或许苏小小这样的女孩子，不应属于任何人，她只属于这西湖的良辰美景。世间的任何人和事，都不值得她为之执着，为之困顿。生命中的种种不得已，都可以被她轻巧地一笔带过。她轻盈美好得如同一片花瓣，落入这尘世间，来感受清风，感受细雨，也感受烈日，感受冰霜。但她什么都不带走，也什么都不计较，她似乎只是为了给人间留下一份美。她用情极深，却不是恋爱脑；她单纯天真，却不是傻白甜。知世故而不世故，说的就是苏小小这样的女孩子吧。

秋风起时，西湖又是别样的景致。苏小小便乘着油壁车，想去赏一赏残荷的风韵。行至湖畔，小小注意到有一个书生模样的少年，正茕茕孑立于瑟瑟秋风中。这个少年穿得十分朴素，却长得一表人才，眉眼间甚至有几分小小前男友阮郁的影子，只是这位帅哥似乎面带愁容。

苏小小心下一动。她上前打了个招呼："不知公子为了何事烦忧？"

书生转过身，一下被眼前上来搭话的苏小小惊得说不出话来了。一时间他还以为是仙女降落人间，要在西湖沐浴。美女主动搭话，把这小书生紧张得脸都红了，他支支吾吾了好久，终于说清了自己的情况。这个少年名叫鲍仁，虽然学习成绩优秀，但因为家境贫穷，没钱做路费上京参加科举考试，所以郁闷得不行，便在西湖边上赏赏景散散心，想要暂遣愁绪。

说着说着，鲍仁的肚子发出了咕咕的叫声。原来他为了攒路费赶考，天天省吃俭用，已经好久没吃过一顿饱饭了。苏小小心想："我与阮公子已然错过，但今天让我遇见了这么一个神似阮公子的少年，想来是上天安排的缘分，那么我便帮他一把吧！"于是苏小小对鲍仁说："公子要是不嫌弃，就到我家来吃个便饭吧，顺便我们切磋一下诗技，怎么样？"

仙女姐姐都开口了，鲍仁哪还有拒绝的道理呢？再说他咕咕叫的肚子，已经替他答应了苏小小的美意。

两人到了苏小小家吃饱喝足后，便聊起了诗词歌赋。不知是因为眼前的公子越看越像自己的前男友，勾起了苏小小心底的柔情，还是因为他才华横溢、出口成章，让苏小小顿生惜才之心，总之，小小当下决定：要助他一臂之力。此时苏小小已经攒下了一笔钱，也算是个小富婆了。她拿出自己的一部分积蓄，准备资助这个与她萍水相逢的书生上京赶考。

这不禁让人惊讶并敬佩于苏小小一介柔弱的江南小女子，居然能为一个素昧平生的人慷慨解囊，赠银百两。毕竟对一个女孩子来说，留着这钱，给自己置办点衣服首饰化妆品，不香吗？

但显然苏小小有着更大的格局。

她虽是江南小姑娘，却有着一份豪爽侠气和江湖义气。千百年来，那么多文坛大咖都争着抢着将苏小小写进诗词里，或许是因为那些看似不可调和的对立面，却可以如此相得益彰地存在于这个小女子身上。她婉约又豪气，多情又潇洒，满足了那些束手束脚、拘谨认真的文人心中飘逸而轻灵的绮梦。

大诗人白居易曾写道："若解多情寻小小，绿杨深处是苏家。"诗鬼李贺则表达了更加直白的赞赏："天上分金镜，人间望玉钩。钱塘苏小小，又值一年秋。"花间词派的代表诗人温庭筠也专门写了一首《苏小小歌》："吴宫女儿腰似束，家在钱唐小江曲。一自檀郎逐便风，门前春水年年绿。"

她那样让人留恋，或许更是因为，她一生都很干净，没有什么风月之事，又死得太早，就像年少夭折的初恋，是白月光一般的存在。短暂早逝的人和事，最让人恋恋不舍。

苏小小本身就是一个梦，古今多少的文人墨客，在这梦中一晌贪欢，不愿醒来。

不仅是文人喜欢苏小小，达官权贵也以能够和苏小小见上一面为荣。当时的上江观察使孟浪，早就听说了杨柳深处藏着个美女兼才女苏小小，便想一亲芳泽。那时候朝廷虽然对官员的行事作风管得没那么严，但官员专门登门拜访一个诗伎，多少还是有些不合规矩。因此孟浪便派人去苏小小家，想将她请到自己府上。

然而苏小小偏偏不喜欢和那些俗人打交道。苏小姐懒得搭理的人，任你名头再大也没用。孟浪专门派人去请，却吃了个闭门羹，这可把孟大人气坏了，他愤愤地想："这小女子到底有啥能耐，居然敢跟老子这么横，我偏要见识一下。"孟大人三番五次地派人前往苏家，但是全都无功而返，谁叫苏小小的倔脾气上来了呢。"本小姐说不见就是不见，天王老子来了我也不见！"这可彻底没辙了，怎么说孟浪也是父母官，总不能强行绑架民女吧。

其实这孟浪并非鄙俗之人，只是行事急躁粗鲁了些。这孟大人平日也喜欢诗词歌赋，也爱赏良辰美景，所以才想和苏小小攀谈一番。一转眼就到了冬天，这天下了场大雪，雪后的西湖，可谓人间盛景。孟大人便兴冲冲地带着随从到西子湖畔赏雪景。孟大人对于一直没能得见的苏小小，始终心有不甘。他想着这么美的景色，若是有美人在侧，那就更完美了，今天怎么着都要把苏小小这个小妮子给叫过来。

苏小小实在被孟浪烦得受不了了，心想："去就去呗，这光天化日的，孟大人还能吃了我不成？"见到苏小小款款而来，孟浪一时因她的美貌怔住了。等他缓过神来，见苏小小的神色问尽是不屑，连看都不看自己一眼，孟浪的暴脾气就又上来了，开口道："苏小姐你不是有才吗？那就应景作首诗让我开开眼呗。这梅花开得正好，便以梅花为题吧。"

苏小小冷冷一笑，只略略思考了一会儿，便朗声吟道：

梅花虽傲骨，怎敢敌春寒？

若更分红白，还须青眼看。

孟浪一听，心中不禁暗暗赞叹："好家伙，这小女子果然不简单啊。"他又是羞愧又是敬佩，便诚恳地向苏小小道歉："是我唐突了佳人，还望苏小姐见谅。"

苏小小不是爱钻牛角尖的人，她见孟浪也是喜爱诗词之人，便原谅了他之前的无礼。后来两个人还成了不错的朋友，一起赏赏景喝喝茶。孟浪自此对这个小女子更多了几分敬重。

8

似乎是为了印证"红颜薄命"这四个字，苏小小的一生实在过于短暂。关于她的死，民间流传着不同的说法。有说她写诗得罪了县令，被判入狱后不堪刑罚摧残而亡；有说她因为之前为情所伤，所以郁郁而终。而我更愿意相信，苏小小是因为贪恋西湖雪景而着了风寒，不幸病逝。毕竟世间最让她着迷的，便是西湖的一片旖旎山水了。

又或许，自古美人如名将，不许人间见白头。绝代佳人从不会允许世人看见她老去的样子。

当苏小小躺在病榻上气息奄奄之际，她把贾姨叫到床前，对她说："小小别无他求，唯愿死后葬在西泠，终究不负我对西湖山水的一片痴情。"

苏小小就此香消玉殒。西子湖畔从此不再有佳人倩影。可是她的逝去，一点都不沉痛，她在人间留下的种种，连哀愁都是美丽的。那个眉间尽是春色的小仙女，只是安眠在了西泠桥畔，似乎等到开春回暖之际，她便会和那些沉睡了一整个冬天的花儿，一同悠然醒转。

苏小小只是住在钱塘的一个小女子，她的一生，并没有发生能够改变历史走向的大事件。她的诗词，也从未写过黍离之悲、家国之痛。没有沉重，没有恢宏，只有轻盈灵动。然而这样小而美的生命，同样值得我们为之驻足，为之动容。史学家们把握住了历史的大命脉，因此我们看多了王朝更迭，看多了翻云覆雨，看多了王侯将相大悲大喜的面目，却很少注意那些微小的生命个体。可是宏大之所以宏大，是因为有无数个微小叠加累积在一起。一个时代，一个社会，从来就是芸芸众生组建起来的。

苏小小已然逝去一千五百多年了，如今我来到西湖，走她曾走过的路，看她曾看过的风景。明月仍是当年的明月，西湖也是当年的西湖。它们始终缄默无言，可倾洒的月光和荡漾的碧波，分明是要向我娓娓道来那个少女留下的一个个故事。恍然间，一辆油壁车匆匆从我眼前绝尘而去，风起帘动，好像又见她顾盼生神，留给了我一个永远甜美、永远生动的莞尔一笑。

她墓前的楹联大概是对她这一生最准确的总结了，正是：湖山此地曾埋玉，风月其人可铸金。

谈恋爱不如搞事业

上官婉儿

1

永夜已深，宫中的烛火早就撤了。

掖庭内，六岁的上官婉儿看着她的母亲熨烫完了最后一件衣服，结束了一天的劳作。那是一条绣着海棠纹样的丝帛云缎裙，是多么柔软、华美啊。婉儿小心翼翼地用手摸了摸，心里升腾起无限的憧憬："真好看啊，什么时候我也能穿上这样美丽的衣裙呢？"

这样美丽的衣裙，婉儿本来也是能够拥有的。

上官婉儿出身于名门世家，她的爷爷叫上官仪，是唐高宗时期的宰相，可谓一人之下，万人之上。他的文笔还特别好，开创了"绮错婉媚"的文风，辞藻那叫一个华丽，语言那叫一个优美。上官仪草拟的诏书，就像一篇篇散文诗，读来十分赏心悦目。这种写作风格深得皇家喜爱，所以上官仪成了宫廷的御用文人，也就相当于皇帝的秘书。唐高宗动不动就传唤上官仪："爱卿啊，来帮朕写篇诏书。""爱卿啊，来帮朕的文章润润色。"

这样一位皇上身边的大红人，他的儿媳妇和孙女怎么会流落到掖庭干活呢？

掖庭就是后宫，是皇帝的妃嫔居住的地方。这里除了妃嫔，还有蝼蚁一样多不胜数的宫人。后宫是一架巨大而精密的仪器，而这些宫人就是类似螺丝钉的零件。他们看起来千篇一律，毫不起眼，却各司其职，相互配合，确保了这架仪器的正常运转，编织出一张繁复华丽的锦缎，流光溢彩，绚丽夺目。

可当一颗螺丝钉，也是真的好苦好累好卑微。上官婉儿原本不应该是在掖庭当一个工具人的命运。

祸起武后。

如果不是她，上官婉儿现在还在宰相府当着她的大小姐呢。婉儿的心里产生了非常懵懂的恨。混混沌沌的恨，团成一小团藏在她的心底，不敢表现出来一点点。连恨都好卑微。那个传说中凤仪天下的女人，害得婉儿没了爷爷，没了爸爸，没了安稳富足的生活。

都是因为她。恨死她了。

显庆五年（660），唐高宗患风疾之症，之后逐渐加重，身体很虚弱，一看书就头疼，一批阅奏章就眼花。堂堂的天子变成了个病恹恹的林黛玉，日常生活都费劲，那一大堆的国家大事谁来处理呢？

这时候武则天跳出来说："放着我来。"

那时武则天已经凭借着机智的头脑和过人的手腕成为皇后。都是一国之母、人中之凤了，可她还是不满足。武则天看中的，是高宗的宝座。她半是请求半是命令地说："皇上啊，你保重龙体要紧，就让臣妾为你分忧吧。"唐高宗不是不知道武后的野心，可是他也没办法与之抗衡，毕竟身体不允许啊。朝中之事，民生之事，再加上后宫之事，真是千头万绪，唐高宗实在无力招架，便不得不把事情都交给了武后处理。高宗心里憋屈得要命："朕贵为九五之尊，却任由一个女人权倾朝野，这也太窝囊了吧。"

武则天本来就有坐拥大唐江山的野心，这下可有机会大展身手了。唐高宗眼看着武后的权力越来越大，胆子也越来越大。难道李家的天下，真的要落到一个小女子手里吗？唐高宗心里越来越不安，总想找个理由废除武则天的皇后之位。

机会终于来了。武则天引道士入宫，行厌胜之术的事，被一个宦官告发了。厌胜之术是一种巫术，类似于"画个圈圈诅咒你"，在宫中是严厉禁止的。唐高宗得知后心中暗喜："终于让朕抓到把柄啦。"他想借此把武则天废为庶人，便秘密传召他的心腹上官仪商量此事。上官仪很清楚皇上内心的小九九，于是顺势说道："皇后太专横了，还做出如此有违宫规之事，不废掉真是天理难容。"高宗说："爱卿说得太对了，那就有劳你帮朕起草废后诏书吧。"

然而武则天也不是吃素的，她一得到消息，立刻去找高宗申辩。一看见武后气势汹汹而来的样子，高宗就已经尿了，再加上武则天声色俱厉一通说辞，高宗被顶得一句话都说不出来，像极了一只瑟瑟发抖的小绵羊。武后问："是皇上想废了臣妾吗？"高宗害怕武则天记恨自己，便连忙摇头，把锅甩给了别人："老婆大人息怒啊，不关我的事，都是上官仪教我这么做的。"

武则天一听，心里有数了。好你个上官仪，等着吧。没过多久武后就无中生有，诬陷上官仪勾结被废掉的太子李忠，图谋造反，篡夺皇位。真是人在家中坐，锅从天上来。倒霉的上官仪就这么成了背锅侠，甚至还牵连了他的儿子上官庭芝以及家中一众男丁，全族男性都被下了大狱，很快便被处斩。家中女眷也跟着倒了霉，都被充入掖庭为官奴，服务于宫廷。气派的宰相府，一夜之间家破人亡。

那时上官婉儿尚在襁褓，当她的母亲郑氏抱着她进宫时，婉儿仍然眨巴着她纯真无邪的大眼睛。她还不知道，周遭的世界已经发生了翻天覆地的变化，自己从宰相家高贵的金枝玉叶，沦落成了一个身份低贱的小宫女。

地狱开局，不过如此。

2

难道是上天弄错了吗？郑氏想起自己在怀孕时，曾做过一个梦，梦里一个仙人给了她一杆秤，说道："持此称量天下士。"醒来后郑氏心想："我腹中的八成是个男孩，将来必能成栋梁之材。"结果没想到生下了一个小女孩。郑氏不禁有些怀疑，这小丫头真能称量天下才子吗？

还没等郑氏思考清楚这个问题呢，家中就发生了变故。郑氏怎么也想不到，公公和丈夫相继被处死，上官家就留下了婉儿这么一个独苗，还只能跟着自己被发配至宫中为婢。她紧紧抱着怀中的小小女婴，将眼中的泪水憋了回去。哭，是最没有用的。当前的任务是把孩子好好培养长大。前方的路，将会艰险重重。

而对婉儿来说，此时她仍是无忧的婴孩。她只知母亲的怀抱是那么温暖柔软，让她贪恋不已。那就在母亲的怀里再多赖一会儿吧。

小小的她一点一点成长起来，慢慢学会了走路，学会了说话。她的母亲劳作之余，最重要的事情就是教小婉儿读书。郑氏也是书香门第出身，有一定的文学修养和思想觉悟。她深知教育要从娃娃抓起，更何况婉儿天生聪慧，又是宰相之后，日后怎能屈居于小小宫婢之位呢。所以婉儿自小就在母亲的指导下熟读诗书，有吟咏之才。

随着她慢慢长大，婉儿懂得了人事，她隐隐约约知道了自己的身世，也知道了父亲和祖父的死因。婉儿心里有了恨。

但是恨有什么用？现在的自己就是一只小蚂蚁。小蚂蚁恨人的脚踩烂了自己的家，踩死了自己的亲人。可人甚至都不知道有一只小蚂蚁在恨着自己。人只会觉得可笑，一只小蚂蚁也配恨我？人只会在意来自另一个人对自己的恨，而不是来自一只小蚂蚁的恨。

那就要成为一个人，成为一个能和武后站在一起的人。婉儿是天生要强的性格，她小小的心里，已经埋下了一颗日后要向上攀爬的种子。

"我必要出人头地。"

值得庆幸的是，婉儿生在唐朝。风气开明的盛世大唐，女性的地位得到了显著提升，教育也不再是王公贵族的专属，普通宫女也有了接受教育的机会。宫中甚至开设了习艺馆，也就是专门的官女学校，教授她们诗词歌赋、针线女红、琴棋书画，全面提升宫闱内部的文化素质，以便更好地服务于后宫妃嫔和王公贵族。学有所成的宫女，可以得到一官半职，成为大唐公务员。唐承隋制，设置有六局二十四司，二十四司的部门里都有专门的女官负责皇室的膳食、衣衫、器具、首饰等等。

天资聪颖的婉儿也被选入了宫女学校，接受了严格的系统培训。她是习艺馆中最为出类拔萃的一名学生。此时的她，年仅十岁。当别的小朋友都还在父母怀里撒娇、和小伙伴玩着过家家时，婉儿已经过起了边干活边学习的全封闭寄宿生活。

想象一下，一个十岁的小姑娘，在天还没有亮的时候就起了床。她揉着惺忪的睡眼，乖乖地叠被子，乖乖地洗漱吃早饭，然后便开启了忙碌的一天。她要洒扫庭除，要织布洗衣，要学习各种服务宫廷的技艺。而对婉儿来说，每天最重要的事，就是读书。小小年纪的她就已经很清楚，知识就是力量，知识改变命运。所以婉儿劳作之余，把全部空闲时间都用来看书写字，诵读诗词。

虽然宫规森严，但宫女们也是有自由活动时间的。她们在劳作之余，可以和平民女孩一样，在落英缤纷里荡秋千，在细细微风中蹴鞠，还可以一起斗草、抛球。当别的小宫女尽兴玩耍的时候，婉儿总是在认真学习。她不甘心一辈子做一个微不足道的小宫女，永远只能低眉顺眼，默默来去，在寂寂深宫中了却一生。

读书，可以帮助她从小蚂蚁变成一个人，从机器里的零件变成机器的操纵者。这是突破现状的关键。

宰相家的后人，怎么可以心甘情愿地低进尘埃里？要向上爬，向前冲，要一雪前耻，要扬眉吐气。累，当然累。可是恨，也是真的恨。咬紧了牙关默默努力，只盼有朝一日摆脱当下的困境，在宫中混出个名堂。

她在深夜秉烛夜读，时不时掐自己的手臂以驱走困意；她在寒冬浣衣，十根手指被冻得通红；她在红叶上写下自己创作的诗词，让它逐水而去；她看着宫墙内那一方小小的天，心里却盛着无限的希望。

她身躯柔弱，却神色坚毅。

3

又是三年过去。穿过重重红墙，越过雕梁画壁，掖庭内，我们看见一个专注读书的女孩子。她只是寻常的装束，淡淡的妆容，却是挡也挡不住的青春逼人，眉目如画。这就是"袅袅婷婷十三余，豆蔻梢头二月初"的上官婉儿。因为自小温书习字，婉儿在娇俏之余又添了一身的书卷气。她的才情传遍了掖庭，也传入了武则天的耳中。

仪凤二年（677），此时武后已经执掌了生杀予夺的大权，她听说上官家的后人流落掖庭，却天资出众，便忍不住想见一见这个小姑娘。武则天派人传唤上官婉儿，准备当场出题考考她的才华。婉儿收到传召的时候，心中五味杂陈。这一天终于到了。她环顾了一圈和其他宫女共住了十几年的小房间，觉得它是那么逼仄狭小。

她上官婉儿注定不属于这里。这一去，恐怕再也不会回来了。

此刻凤座之上，是当年害得自己家破人亡的武后。可是又能怎么办呢，去和她拼个你死我活吗？那就太冲动太愚蠢了。武后，是杀父仇人，却也是未来的希望。若是得她赏识，日后定能在宫内占得一席之地。

小小的拳头在衣袖里攥紧了，又松开。

婉儿咽下重重恨意，任凭内心波涛汹涌，表面上却是无风也无浪。她认认真真地回答了武则天出的考题，神色从容，对答如流，出口成章，须臾而就的一首《奉和圣制立春日侍宴内殿出翦彩花应制》，让武则天赞叹不已。

密叶因裁吐，新花逐翦舒。
攀条虽不谬，摘蕊讵知虚。
春至由来发，秋还未肯疏。
借问桃将李，相乱欲何如。

那些年读过的书终于有了用武之地，那些年吃过的苦也总算没有白吃。

这场面试，是改变婉儿人生命运的关键节点。而她超常发挥，顺利得到了主考官的青睐。

武后在凤座上频频点头，很明显，她对这个聪颖敏慧的可人儿非常喜欢。武后当场免去了上官婉儿的奴籍，还命她掌管宫中诏命。所谓掌管诏命，也就是传达皇帝的命令，这意味着上官婉儿一跃而上，从微不足道的小宫女变成了武后的秘书。也是在这一年，唐高宗将她封为才人。唐高宗是否喜欢婉儿并不重要，成为他的嫔妃，很有可能是武则天的意思。为了给上官婉儿一个名分，武后便让高宗将婉儿纳入后宫，以便更好地为自己所用。

上官婉儿的逆袭之路，正式开始。

初入宫廷职场的她，仍是天真妩媚的少女模样。可是她的眼睛里，却已经透出了野心和欲望。这让武后仿佛看见了年轻时的自己，她不禁对婉儿产生了相惜之情。虽然武后很清楚，上官婉儿对自己是有恨意的，可武则天就是喜欢驯服桀骜的烈马。把仇人变作为自己所用的可塑之才，这才是本事。更何况，婉儿是那么有才能，若是好好挖掘培养一番，必能助自己成就大事。

成大事者，又怎会斤斤计较私人恩怨呢？

而对上官婉儿来说，武则天是仇人，却也是她的恩人和贵人，是改变她命运的关键人物。婉儿并不是忘记了痛与恨，可她知道恨是没有用的，改变现状才是当务之急。祖父和父亲早就不在了，自己一直陷在仇恨中又能怎样呢？纵使翻了案，为上官家洗脱了冤屈，已故的亲人也永远回不来了。那么报仇雪恨呢？更是做梦。自己一个小小宫女，又如何与武后抗衡？

情绪这种东西，婉儿早就戒掉了。控制情绪是一场艰难的修炼，好在婉儿在掖庭时就已经学会了把怨怼、委屈、愤懑这些负面情绪通通吞咽下，只露出一个无比标准、恭敬有加的微笑给这个世界。她时刻告诉自己，如今是武后让她穿上了华美的衣裙，戴上了满头珠翠，甚至得到了平步青云的机会。虽然这一切，都来得太迟了。不过还好，那么多年的苦，总算没有白吃。

"稳住。"她对自己说。

上官婉儿摸了摸身上柔软的丝缎。她心里很清楚的是，自己要的不止于此。她坚信终有一日，自己会和武后一样，站在权力的制高点，翻手为云，覆手为雨，把握住整个大唐的命脉，俯瞰这盛世江山。

4

她仍然尽心尽力地侍奉在武后身边，但同时，她也开始暗暗地物色可以托付一生的人了。她现在的确得到了武后的欣赏，但谁能保证武后会一直庇佑自己呢？万一武后哪天下台了，哪天不行了，婉儿难道要随她而去吗？当然不。婉儿要给自己留条后路，狡兔还有三窟呢。多一个靠山，就能多一条可选择的路，多一层保护。

况且深宫寂寞，婉儿需要抚慰，来自男人的抚慰。

美丽聪慧的婉儿很快就搞定了武后的儿子李显。她一边对着李显暗送秋波，一边又在武后身前表现得忠贞不贰。不止如此，婉儿还搞定了武则天的侄子武三思。她是那么妩媚可人，又是只要一时的欢愉，不要名分，也不要责任，哪个男人拒绝得了呢？

婉儿心里要的很简单，一个靠山，一个能给她带去实际利益的男人。武后的儿子和侄子都是未来有可能成为新君的人选，上官婉儿很聪明，形势仍不明朗时，她绝不会把筹码都押在一个人身上。雨露均沾，左右逢迎，这才是宫中生存之道。

上官婉儿演得很深情："这些男人，我个个都喜欢。别说我是渣女，我也是身不由己。再说了，在宫中谈什么真爱真情？那些都是虚的。权势和利益，才是永恒的。"

她的一颗心掰成了好几瓣来用：学谋权弄术，学说话之道；一边侍奉辅佐武后，一边发展各方关系；一边在李显的怀里千娇百媚，一边在武三思的身边巧笑倩兮。职场新人上官婉儿迅速成长。从在夹缝中艰难地求生存，到面对多层关系游刃有余，婉儿只用了短短几年时间。

婉儿总是在黄昏时分驻足永巷，看一看夕阳。有时会有鸟儿飞进她的视野里，带来一层暮色，又消失在天际。然后夕阳渐渐暗下去，淡淡的月色浮上来。这时的永巷，只有零星的几个宫人匆匆来去。暮色里的这条路看起来格外长，格外寂寥。

可是婉儿唯有走下去。她的眼睛逐渐变得幽深，谁都看不清，那里面又在酝酿着些什么。

而这时的唐高宗仍是久病不愈，他知道自己再挣扎也没用了，便想着干脆放权给武后得了。武则天亲政之后，对上官婉儿更是重用。被武后欣赏不已的婉儿，智商高有才能是一回事，更重要的是，婉儿拥有极高的情商。她为我们生动演绎了，在职场之中会说话是多么重要。

就比如说，上官婉儿想要劝谏武则天广开言路。她不像其他臣子那样一上来就提建议，而是先拍了一通武则天的马屁，大夸特夸武后是多么贤明，简直堪比千古明君尧舜禹。这一番"彩虹屁"把武则天哄得心里乐开了花。然后上官婉儿又说到尧舜立华表的事，也就是上古时代，尧舜为了招来进谏善言的能人志士，竖立了旌旗和木牌，想向皇帝提建议的人可以在旌旗下畅所欲言，在木牌上写下谏言，如此便能知晓民意，广纳贤才。这就是在暗暗地提议武后："您既然如尧舜一般圣明，自然也会效仿他们的做法。"于是武则天开开心心地接受了婉儿的建议，采纳民意。而且婉儿还因此更得武则天的喜欢，是武后心尖上的人。

在武后身边待的时间越久，上官婉儿就越发现，武则天能够执掌朝政，不是没有道理的。武后的确心机深重，手段狠辣，又好恶无定，任用酷吏，可她也是真的为国为民着想。她劝课农桑，轻徭薄赋，又广开言路，知人善用。婉儿日日侍奉在侧，看着武后为国事而操劳，为了剪不断理还乱的关系而烦忧。婉儿知道了身为女子在朝政中的身不由己，也慢慢懂得武后一步一步爬上这个位置是多么不容易。曾经深入骨髓的恨，竟变淡了。

尽心尽力地为曾经的仇人服务，这的确有些荒诞。或许婉儿始终在忍辱负重，为成大事而委曲求全。或许婉儿有一点斯德哥尔摩综合征，对加害自己家人的武后产生了情感依赖，生死被操控在武后手中，当武后允许她活下去，还对她大力提拔时，婉儿便不胜感激。又或许婉儿是被武后的人格魅力所征服，真心地对她产生了敬佩之情。一千多年前深宫中一个女子的内心真实想法，谁能知道呢？

总之，婉儿用心地当着武后的贴身小助手，渐渐地，几乎武则天所有的诏令，都是上官婉儿执笔。

又往前迈了一大步。

5

工作之余，她也会回到年少时学习劳作的地方走一走。有小宫女在织布浣衣，在洒扫庭院。她们看见婉儿来，都纷纷对着婉儿恭敬地施了礼。婉儿好像又看见当年的小小的自己，一个人努力读书到深夜，一脸不服输的样子。如今故地重游，心境早就不同于往日。她已是当权者的心腹，武后身边的大红人。

这还不够。和武则天一样，婉儿的野心也是个无底洞。她仍然要得到更多，想要爬得更高。

花草又拉开了新一季的枯荣。天授元年（690），武则天正式称帝。此后几年，上官婉儿也随之权势日盛。她不再是仅仅替武后起草诏书的笔杆子了，而是有了参决政事的权力，正式加入了武后的智囊团。此时的上官婉儿，已经跟了武后十多年。她越来越会察言观色、揣度圣意，深得武后信任。作为女皇的心腹，巴结上官婉儿的人络绎不绝。她享受站在武则天身旁的感觉，也享受谋权弄术的快感。曾经的她，是挣扎在尘土里的一只小蚂蚁。而如今，她高高在上，俯视群臣。

不过上官婉儿的职场之路也并不是一帆风顺，她也有犯错误惹领导生气的时候。那一次武则天生了很大的气，把她钟爱的茶盏都摔碎了。婉儿也吓坏了，跪在那里一动也不敢动。她想到了最坏的结果，或许这次，难逃一死。也罢，上官婉儿早就该想到，在宫中走的每一步都是如履薄冰，祖父上官仪就是最好的先例。

既然选了这条路，那就该愿赌服输。

只是史书并未明确记载婉儿的罪尤。有人说，是婉儿与武后的男宠张昌宗关系暧昧，背着武后暗通款曲，甚至在宴席上眉来眼去，武后发觉之后盛怒不已，便想杀了上官婉儿。千百年前的宫闱秘事，总是难以昭然于天下。而婉儿私通武后男宠的可能性是很大的，虽然那时她已经勾搭上了太子李显，但对婉儿来说，能让自己快乐的男人，永远不嫌多。听起来像极了一个薄情的渣女，但这也并不是没有道理。在深宫之中，哪有闲心说什么真爱、什么深情。野心和欲望才是生存下去的动力。武后的男宠张昌宗那么风流倜傥，婉儿又年轻貌美，两个人相互吸引也实属正常。再者说，婉儿的内心是极度渴望和武则天一样的。豢养了众多男宠的武后，无形之中给上官婉儿做了榜样。而且随着武后给予了婉儿越来越大的权力，她便不由得有些飘了。武后拥有的，婉儿也想得到。

这下就闹出了乱子。武后大发雷霆，我的男人你也敢染指？婉儿，胆大包天。男人，真是祸水。

不过还好，武则天生气归生气，冷静下来之后，她到底是舍不得忠心耿耿又聪慧知心的上官婉儿。毕竟若是处死婉儿，自己可就失去了一条有力的臂膀啊。死罪可免，活罪难逃。要给她一个教训，让她长长记性。于是武后便赐了婉儿黥面之刑。

上官婉儿松了一口气，浑身瘫软。罚就罚吧，只要活着，就有希望。

所谓黥面，就是在脸上刻字以示惩罚，有一点像刺青。比起什么凌迟砍头，黥面可以说是很轻的刑罚了。这个刑罚伤害性不大，侮辱性却极强。因为惩罚的印记会跟随人一生，相当于脑门上写着"我有罪，我浑蛋"，犯罪者就像过街老鼠一样，人人都会避之不及。

简直要经历一次社会性死亡。

被黥面的上官婉儿也很不开心。那时她还是个年轻的姑娘，很爱惜自己的容颜。况且宫廷也是个看脸的世界，对职场丽人婉儿来说，颜值是她往上爬的筹码之一。婉儿皱着眉看着镜子中的自己，烦恼不已。突然她灵机一动，想到了遮盖疤痕的方法。婉儿用笔蘸取朱红的颜料，在额上伤疤处描画了一朵梅花，又贴上金箔以做装饰。如此一来，不仅伤疤被完美遮盖，眉间红梅还衬得人又添娇媚三分。

后宫中其他女子看见了，纷纷效仿，上官婉儿一下成了引领时尚潮流的美妆博主。宫女们如此追捧，恐怕不仅仅是因为喜欢这个妆容，更是因为她们崇拜婉儿这个人。宫婢出身，甚至还是罪臣之女，婉儿却一步步地爬到了权力的中心，站在了尊贵无比、手握重权的女皇身侧，为她所信任，所重用，所宠幸。真是羡杀了一众宫人。

罚也罚了，这事就算过去了。武则天有的是容人之量，这件事并没有让她对婉儿产生太多芥蒂。因为武后心里很清楚，陪自己寻欢作乐的男人可以有很多，但是能够懂得自己心意、帮忙出谋划策的，就只有上官婉儿一人。

流水的男宠，铁打的婉儿。

6

人前，婉儿依旧风光无限。只是她心里越来越明白，伴君如伴虎。再得武后信任，也该谨慎谨慎再谨慎，这次实在是自己大意了。之后婉儿更加千方百计地讨武后欢心，更加用心地辅佐武后处理政事。武则天便给予了婉儿更大的权力，重要的诏书无一不是通过婉儿下达，奏章无一不经过婉儿批阅。

她甚至比之前更受宠更得势了。

只是婉儿心里也越来越清楚，孤注一掷地依附武后这棵大树并不是明智之举。一来武后年事已高，统领朝政只会越来越有心无力，随时都有倒下的可能；二来各方势力虎视眈眈，很有可能乘虚而入，江山倾覆、改朝换代都在弹指之间。随着武则天的年纪越来越大，李唐复位的呼声也越来越高。婉儿便和太子李显走得更近了。靠美貌和身体谋求靠山，一步步上位，这也是婉儿的手段之一。在她看来，美貌，是她用来换得庇护和权力的筹码。她利用别人，也利用自己。

后世有人说她又是包养小白脸男宠，又是勾引皇室子弟，简直是道德败坏，毫无节操，淫乱宫闱，惑乱后宫。但对婉儿来说，得到了自己想要的，只这一刻，我开心满足了，那就足够。

后世之言，与我何干？

705 年是不同寻常的一年。此时武则天已是八十一岁高龄，油尽灯枯的年纪，她却仍然不想放手对大唐江山的统治。躺在长生殿的武后呼吸微弱，嘴里还在唤婉儿扶她起来处理国事。

长生长生，历代帝王都想要长生不老，可是又有谁能够如愿呢？婉儿看着气息奄奄的武后，发觉她的皱纹是那么深，面容是那么枯槁。她老得好像只剩一层皱巴巴的皮了。她斗了一辈子，谋算了一辈子，失去了很多，也得到了很多。她曾穿上龙袍，傲视群雄。她曾让百官俯首，让万人称臣，让天下归依，让众生景仰。可是如今，她就是一个可能都活不过今晚的垂暮老人。

婉儿心想，我也会有这么一天吗？她的心揪起来，说不清是什么滋味。

躺在长生殿的武则天心中隐隐感觉不妙，她看见窗外天色阴沉，好像在酝酿着一场风暴。可是宫闱之内，看起来仍是万事太平。风暴来临前的海面总是格外平静。皇子和大臣们仍是日日递上请安的奏折，也不知其中有谁是真的在祈求她安康，有谁在巴望着她死。

可是此时的武则天又能怎样呢？自己十分信任重用的上官婉儿，心里都别有图谋，更何况他人？那么自己的亲生子女呢？算了吧。宫廷之中，哪有什么亲情。父慈子孝，兄友弟恭，那都是演给臣民看的。该抢夺权力的时候，绝不会手下留情。欲成大事者，至亲亦可杀。

风暴终究来了。这一年，拥护李唐宗室的一众大臣发动神龙政变，武则天被迫退位，唐中宗李显复辟。

当年武后趁唐高宗病弱之时，谋得大权。如今她无力把持朝政之际，也有人上演了同样的戏码，和当年如出一辙。

7

武后的大周朝只是短暂地存在了一下，便给李唐江山让了位。虽说一朝天子一朝臣，但李显并未对武后身边的婉儿有太多介怀。因为上官婉儿早就打通了李显这层关系，还在武后垮台前提前转舵，所以不但没有被武后牵连，而且还被封为昭容。昭容位列正二品，相当于后宫中的尚书，地位仅次于皇后。婉儿跟着武则天的时候，虽然得宠，但并没有得到过如此尊荣的封号。所以说被封为昭容，是婉儿职场路上一个很大的飞跃。这是她事业的巅峰时期，后世又称上官婉儿为上官昭容和"女尚书"。

从一个洒扫庭除的小宫女到皇帝的妃子，从罪臣之女到手握重权的女官，逆天改命，也就只有她做到了。

这一年，上官婉儿四十一岁。对唐中宗李显来说，四十一岁的婉儿，不再如年轻时娇艳动人。但中宗仍然给了她极高的位分。大概是因为刚上位的李显根基还不稳，他急切地想要拉拢上官婉儿这员前朝的大将，以助自己平衡各方虎视眈眈的势力。武后虽然无力再把持朝政，但这并不意味着她的子女亲族也会心甘情愿地臣服新主。时局动荡之际，各方势力都蠢蠢欲动。新主上位，不服的人有的是，就比如武则天的女儿太平公主，太子李重俊，都自树朋党，争夺权力。唐中宗心里有些慌，这时候他就想到了用上官婉儿来平衡多方势力。

不过是相互利用的关系罢了。

年过不惑，很多事情上官婉儿心里都已一清二楚。自己无论是对于武后还是中宗，就是一枚棋子，是他们争权夺利的工具。被人利用，听起来好像有些心酸，但实际上，在宫中能被利用是一件好事，至少说明自己有能力、有价值。沦为弃子，那才是最可悲的。

或许有人要说，上官婉儿也太没良心了，都说忠仆不事二主，她怎么这么快就做了新君的妃子？可是不要忘了，武则天曾是上官婉儿的仇人。婉儿是感激武后的知遇之恩，但灭族之仇，是永远无法忘记的。跟着武后的时候，她做到了忠心耿耿，这就够了。如今武后倒了，那也实在没必要追随旧主而去。对婉儿来说，自己还是要在宫中生存下去。不管当权者是武后还是唐中宗，婉儿首先要考虑的，是保全她自己。

被封为昭容的这一年，是婉儿最为扬眉吐气的一年。武后倒台，当年被诬陷的上官家终于沉冤得雪，死去的祖父和父亲在黄泉得以瞑目，婉儿的母亲也被封为沛国夫人。真是皆大欢喜。再走在永巷上，来往的宫人都对她无比恭敬，其他的嫔妃也纷纷前来道贺。婉儿觉得那天的夕阳格外美，那条街也格外热闹。

以前怎么就没发现呢？

8

中宗上位后并没有得到实权，朝政大权掌握在了韦皇后手中。

聪慧的婉儿也得到了韦皇后的欣赏和信任。不管谁是当权者，都不会拒绝一个能够辅佐朝纲、双商极高的大才女。婉儿此时不再是被动的状态，应付起当下的局面来已是得心应手。但她并不急着加入宫廷斗争之中，她要过一段潇洒快活的日子，做一做自己喜欢的事情。

婉儿喜欢什么呢？自然是诗词歌赋，读书写作了。这是她在政坛之外所开辟出的另一番天地。婉儿小时候在掖庭为宫婢时，总是偷摸看书，如今有条件了，婉儿便将钟爱的书都一一收藏，多年下来竟藏书上万。她对这些书非常珍视，为了防止产生蛀虫，婉儿便用上好的香料日夜熏着书。百年之后，婉儿的书流落民间，仍旧是芳香扑鼻，完好无损。

每当婉儿在自己的藏书房待着的时候，她的心都会变得莫名地安稳平静。书卷的冷香扑面而来，这里是七情六欲的冷藏室，也是婉儿放松身心的休息室。她在外面是叱咤风云的无冕女宰相，为了得到权力用尽心机，和朝野之中的人斗得你死我活，但在这里，她只是一个安安静静读书的女子。

上官婉儿完美继承了祖父上官仪的文学天赋，她将绮丽别致的文风发扬光大，一时间"上官体"风靡宫中，就跟她当年发明的梅花妆一样，人人竞相模仿。她就是当时大唐文坛的风向标，是文人士子追随的偶像。婉儿还劝中宗设置昭文馆，广召学富五车之士，并赐宴游乐。昭文馆中的学士负责为国家整理典籍，其中出了不少人才。

婉儿甚至获得中宗允许，拥有了开府的权力，也就是说，她可以自行建造府邸，白天就在官外办公。在官外筑府，这可是集万千宠爱于一身的太平公主才享有的权力。拥有了和公主同等的待遇，可以想象婉儿有多受当权者重视了。有了自己的地盘，那就自由多了。婉儿借倡导文学为名，在府邸开展文化沙龙，邀请文人才子、达官显贵，一同作诗唱和、谈词论赋。谈笑有鸿儒，往来无白丁。

这就有点像鱼玄机在咸宜观诗文候教各方才子。同鱼玄机一样，婉儿也会和前来探讨文学的男人寻欢作乐。和鱼玄机不同的是，婉儿是这里真正的主导者。作为皇帝皇后身边的大红人，前来拜访的才子纷纷心甘情愿地被婉儿"潜规则"。在自己的府中，婉儿关起门来当了回武则天。她的命令就是圣旨，前来拜访的男人都是她的裙下之臣。

这么多男人中，婉儿最喜欢一个叫崔湜的文艺青年。崔湜虽然在文学才能上并无过人之处，但胜在年纪小。他比婉儿年轻了好几岁，长得也是玉树临风、英俊潇洒。上官婉儿此时青春已逝，所以她喜欢崔湜的原因很简单，就是看上了他的帅气。并没有所谓真情，也不是图什么结果，要的只是一时的快乐。

又是寻欢的一晚。风起帘动，烛火明明灭灭，婉儿的神情也似乎捉摸不定。她饮尽了杯中的酒，对着崔湜笑得很是妩媚。婉儿不是不知道外界的流言。上官昭容淫乱后宫，夜夜风流，艳名天下闻。

无所谓。姐姐我就是喜欢帅弟弟。一晌贪欢，仅此而已。累了那么多年，还不能在此刻放纵一下吗？

9

她情场得意，官场更得意。婉儿依旧发挥着自己见风使舵的本事，把墙头草做得体面又真诚。韦后日渐权倾朝野时，婉儿便多次劝说韦皇后效仿武则天，行武后之举，全国上下提倡孝道，免除百姓劳役，以此拉拢人心。她提议给中宗加尊号"应天"，给韦后加尊号"顺天"，帝后同理朝政。婉儿还把自己的情夫之一武三思介绍给了韦后。一来婉儿想在新势力中站稳脚跟，二来婉儿知道韦后也生性风流。既然自己有好东西，那当然要一起分享啦。

但婉儿与韦后，也不过是塑料姐妹花，虚假君臣情，只是因利而聚。到了景龙四年（710），唐中宗李显突然驾崩，是韦后下毒所为。婉儿心中隐隐觉得不安，韦后若是连亲夫都能狠心杀死，那日后对自己也不会手软，毕竟自己也曾尽心辅佐过中宗。此时武后生前最宠爱的女儿太平公主权势渐盛，婉儿便投靠了太平公主。

只是婉儿曾经为韦后出谋划策的事情早就尽人皆知，人人都道，上官婉儿和韦皇后是一伙的。

一会儿唐中宗，一会儿韦后，一会儿太平公主。上官婉儿到底帮着谁呢？史书都无定论。宫廷风云变幻无常，若是不变通，不转舵，不给自己留后路，那可能都活不过宫斗剧的第三集。那些所谓忠心的臣子，只留下了忠心二字，却留不住自己的一条命。

中宗一死，韦后更加肆无忌惮，权倾朝野，第二个武则天即将登基。眼看大唐江山就要落入韦后之手，上官婉儿和太平公主为了平衡势力，一起起草了一份重要的遗诏：韦后为皇太后摄政。也就是说，原本要成为女皇的韦后，现在只能代行天子之政，可以辅佐皇太子，却永无继位的可能。这就引起了韦后一伙人的不满，太平公主你管得也忒多了，还以为是你妈武则天当权的时候呢？拥护韦后的臣子建议，不如直接铲除太平公主及其党羽，免得夜长梦多。

但是太平公主也不是吃素的，岂能人为刀俎，我为鱼肉？我们李家的江山，还轮不到你一个外姓人来管。想学我妈武则天？做梦吧。太平公主决定先发制人，她联络了临淄王李隆基，在这一年的六月二十日，李隆基发动了唐隆政变，他率禁军入宫，杀死了韦后和安乐公主。

刀光剑影，烛火荧荧，照亮了夜色中的宫墙。

此时的上官婉儿心里有些发慌，她虽然现在投靠了太平公主，但曾经她也深得韦后信任。若是被认定为韦后党羽，那就完蛋了。她手中的救命稻草，就是和太平公主合谋草拟的诏书，或许这能帮她逃过一劫。婉儿为表清白，在李隆基到来之时，手捧蜡烛和诏书前去迎接。

可李隆基一见到婉儿，并不听她分辩，也不顾周围人的劝阻，就举起手中宝刀将她斩于旗下。

大唐女宰相血溅宫墙。一代才女跌宕起伏的一生，就这么戛然而止。这一年，她四十六岁。上官婉儿升职记，到此结束。但她逆天改命的传奇事迹，却被世人传颂了千年。

还是几十年前，那个掖庭中偷偷读书的小姑娘，在心里默默地呐喊——

我命由我不由天。

景岁
航

薛　涛

（ 7 6 8 ？ － 8 3 2 / 唐 朝 ）

初代网红的圈粉之路

薛涛

1

在一千多年前的浣花溪畔，住着一个总是穿着一袭素色道袍的女子，她姓薛名涛，字洪度。

薛涛小姐的门前，总是种满了郁郁葱葱的菖蒲。春夏之际，还有繁花盛开。郁草繁花之间，却有个素淡得不能再素淡的女子。她的脸上淡漠如水，好像世间再也没有什么事情能够激起她心中的波澜。她只是自顾自地打理着院中的花花草草，哪一朵花开败了，哪一株草生了虫，就是她每天唯一关心的事情。

有时她也会停下手中的活计，凝眸远望，好像看到了什么有趣的东西，可是那里只有干干净净的一片天。或许也曾有风吹过，有飞鸟掠过，有流云飘过，可这些都不会留下什么痕迹。

空空如也，就好像薛小姐的心。

可是，明明她的心也曾装满了风花雪月、罗愁绮恨，也曾有过那么多的惶惑、喜悦和不安。也曾有人走进过她的心，搅得她柔肠百结、攒眉千度。

只是所有这些，都像是上个世纪的事情了。

此时的薛小姐，远离大唐的风月场和名利圈已经很久了，只一心过着恬淡安静的生活，每天就是种种花、看看书。她已不在江湖，可江湖仍旧流传着她的传说。关于薛涛的故事，还是常常被人们提起，特别是她曾经的粉丝们。他们或是感慨叹息薛小姐和大文人元稹的一段情，或是津津乐道她创制的浣花笺，以及她曾写下的风靡一时的诗。

　　说起这位薛小姐，当年可是闻名成都的大红人。她作的诗总能爆火，她的八卦消息也屡屡登上蜀地的"热搜"，引发"吃瓜群众"的讨论。古时候的诗就相当于我们现在的流行歌曲。写出一首大热的诗就像是突然唱火了一首《野狼disco》，街头巷尾的三岁小孩都能哼两句，知名度和流量也就立马上去了。而薛涛最火的时候，随随便便发表一首诗就能引发街头巷尾热火朝天的传诵，十万以上的阅读量是妥妥的。她也因此结识了很多文艺界的"大V"（公众人物），薛小姐的朋友圈里都是白居易、杜牧、刘禹锡这样的大人物。他们互相诗文唱和，点赞评论，一起聊天喝茶，可谓"谈笑有鸿儒，往来无白丁"。

　　可就是这样一个在当时闪闪发光的女子，历史典籍上关于她生平的记录却是寥寥无几。她只能以微弱的光芒，在历史深处忽明忽灭。开明的大唐盛世，的确赋予了女子绽放自我的舞台，但当她们轰轰烈烈地盛开过后，只留下了几缕抓不住的香气。

　　历史的墨笔，从来就不会为她们在正史上书写太多。

　　正史上记下的，只有薛涛的生卒年份和籍贯、职业等等一些干巴巴的个人信息。"薛涛，字洪度，成都乐妓也。性辨惠，调翰墨。居浣花里,种菖蒲满门。"这是元代文人辛文房所著的《唐才子传》中对薛涛的记载,算是一条较为详细可靠的来源了。可是这么短的一句话,又怎么能够概括她琼瑶剧女主般的一生呢?

浣花溪畔吹了一千多年的风,把她的爱恨悲欢都吹散了。

我只能捡起一些散落在历史角落里的碎片,去拼凑还原薛涛的一生。透过这些细小的碎片,仿佛能看见她低着头在浣花笺上写诗时微微抖动的睫毛,她深情凝望元公子时楚楚动人的眉眼,她弯着腰打理菖蒲时掠在耳后的发丝。

我似乎能感受到,风里仍有她的香气。

2

那年长安的月色还很温柔,月光透过阁楼上藕色的纱帘,轻轻地洒在这个被唤作薛涛的小姑娘身上。她睡得很香,嘴角有一丝甜甜的笑意,好像正在做着什么好梦。似乎她这一生,都会如这好梦一般踏实、无忧、甜美、绮丽。

薛涛是家中独女,全家人的宠爱都给了她,她就是吃着西瓜中间最甜的那一口长大的。宠爱归宠爱,她老爸并没有溺爱她。小薛涛的老爸名叫薛郧,在朝中做官,虽然官位不高,但薛老爷那一肚子墨水也足够教一教他的小女儿读书写诗了。薛家虽不是大富大贵,但也算是中上阶层的小康家庭。而且薛老爷的教育理念就是,要在精神上富养女儿。物质上虽然给不了最好的,但一定要让女儿拥有丰富充实的精神世界。所以薛老爷从薛涛小时候起就给她制订了严格的学习计划，每天根据时间表学诗词学音律学辞令。

值得一提的是，薛涛是有字的，叫作洪度。可别小看这个"字"，古代有名有字的女子非常少，在先秦时代，只有贵族女子才有字。就连林黛玉这样出身于钟鸣鼎食之家的女孩子，都是在进了贾府后，才被爱重她的宝哥哥取了字"颦颦"。所以说，薛涛小小年纪就被取了这么气度不凡的名和字，可见她老爸对她寄予了厚望。

薛老爷看着粉雕玉琢的小女儿一日日长大，越看心里越欢喜，不去朝中上班的时候，就和女儿聊聊天逗逗乐。薛涛八九岁时，父女俩在庭院里的梧桐树下乘凉。文人嘛，看见点啥都要作句诗记录一下抒发一下，而且这不是当着女儿的面嘛，薛老爷就想展示一下自己的作诗功夫。于是他摇着蒲扇慢悠悠吟诵道："庭除一古桐，耸干入云中。"

说实话吧，这一句诗，实在是可以用"平平无奇"四个字来评价。而他这句诗之所以能为后人所知晓，其实是因为沾了他女儿的光。小薛涛只是略略思考了一会儿，就奶声奶气地接上了她爹的诗："枝迎南北鸟，叶送往来风。"薛老爷乍一听，心说妙啊，这句诗不仅对仗工整，还隽永别致，我闺女小小年纪就有如此才气，长大了还了得？薛老爷喜笑颜开。但乐着乐着，他脸色就变有点不好看了，这迎南送北的，说的不就是风尘女子吗？难道我女儿日后会堕入风尘？古人说话老有各种忌讳，最怕就是说了什么不祥之语，之后会一语成谶。

薛老爷吓得一把抱起了小薛涛，哎哟我的宝贝闺女啊，你这是瞎说啥呢？呸呸呸，这小乌鸦嘴。

薛老爷的心在那一刻简直漏跳了一拍，在那一瞬，他恍惚看见了自己捧在手心的女儿，变成了风中摇摆的枝叶。

3

然而越怕什么，就越来什么。薛小姐十四岁那年，也就是快到及笄之年，本来应该是嫁人的年纪了，但薛老爷还没来得及给女儿择个好夫家，自己就先犯事了。薛郧这老爷子是个直肠子，仗义执言，有啥说啥，一个不小心，就得罪了朝中权贵，直接被贬到了蜀地。

那时候的蜀地还不是现在这样吃火锅、看熊猫和打麻将的神仙宝地，而是让诗仙李白都感叹"蜀道之难，难于上青天"的偏远山区。大诗人刘禹锡也曾喟叹道："巴山楚水凄凉地，二十三年弃置身。"

贬谪，是古代官员的专享惩罚，历朝历代很多名人都被贬过官。好像在做官的时候不被贬一下，这仕途都不算完整。就比如大文豪苏轼，一生不是在被贬谪，就是在去往被贬谪之地的路上。生性豁达乐观的苏东坡，在诗中把贬官这个惩罚大大地"美化"了。他被贬黄州时，感叹"长江绕郭知鱼美，好竹连山觉笋香"，被贬惠州时，又感慨"日啖荔枝三百颗，不辞长作岭南人"。这就让后人觉得，贬官就是去个没那么繁华的地方待一待，尝尝那里的美食，感受感受当地的风土人情，就像旅游一样，说不准还挺开心的。

实际上并非如此。贬官对官员们来说，是对肉体和精神的双重折磨。古人觉得只有中原才是宜居之地，而那些远离中原的地区，都是还没被开发的蛮荒之地，条件不好，交通不便，去了很有可能吃不惯、住不惯，水土不服。也就只有苏轼，才能苦中作乐，自我慰藉。被贬的官员从朝堂下来，连家都不能回，就被官差押着出城，向贬地奔行。一来这是对个人事业的重大打击，二来这是件非常丢人的事。而且，一人犯事，很有可能会牵连家人。就像薛郧，一人被贬，全家遭殃，一家老小都得跟着受罪。匆匆忙忙收拾几件衣服，就得上路了。

薛小姐的幸福生活戛然而止。想象一下，一个平时出门都要叫个滴滴专车的娇小姐，如今却被要求每天在风吹日晒下暴走。一直被保护得很好的薛涛，现在切身体会到了现实残酷又无奈的一面，带院子的房子没得住了，名牌的鞋子和衣服也没得穿了，就连最爱的红宝石簪子都被扣在府中带不走了。

偷偷藏在口袋里的一盒胭脂，是她最后的骄傲和挣扎。

薛小姐天天都眼泪汪汪的，觉得委屈极了。但看着行进途中日渐苍老羸弱的父亲，她收起了想要撒娇任性的心。小姑娘在崎岖的道路上深一脚浅一脚走着，累得已经没力气再哭了。她开始后悔自己平日光赖在闺房里吟诗作对研究音乐了，锻炼健身啥的，是一点都没有提上日程。这平时八百米都跑不下来，现在一上来就是长途拉练，谁受得了？每天超负荷的运动量，给了薛小姐巨大的折磨。这不只是肉体上的折磨，心境上的落差也让她无所适从。回想起几天前还在自己的小房间里品茶读书，还嫌家里帮佣做的糕点太甜，吃了会发胖，现在却是连口水都喝不上，薛小姐的鼻子又是一酸。

　　经过长途跋涉终于到了蜀地，薛涛这柔柔弱弱一个小姑娘，被折腾得够呛。薛老爷经过这一路颠簸，一把老骨头也快被颠散了。他想着自己被降了官职，前途一片茫然，还牵连了家人，一直很郁闷，身体也大不如前了。为了自己的家人能在这异乡过得好些，薛老爷是拼了老命工作。日子过得虽然比不上在京城滋润，但好歹维持一家人的温饱还是没有问题的。

　　可这安稳日子也没过多久，薛郧某天突然接到朝廷派的任务：出使南诏国。代表本国的门面，出使别的国家，听起来还挺风光，而且也不会有什么生命危险，毕竟又不是上阵杀敌，也不是戍守边关。然而实际上，这个差事并不轻松。这一趟，甚至让薛老爷子把命都搭上了。

　　南诏国地处云南一带，气候湿热，湿热之地多丛林，丛林之中多瘴气，能让人中毒。那时候没有飞机高铁，薛老爷子只能亲自跋山涉水穿过森林。他这积劳积郁的身了骨，到底是没扛住云南瘴气的侵袭，不慎染病。加上行路途中又没有医生诊治，又不能好好休养，没多久就不治身亡了。

　　薛涛和她妈这一对孤儿寡母，留守在蜀地。当她们听到这个噩耗时，哭得昏天黑地，不仅为了客死异乡的至亲哭泣，也为了娘俩今后茫然无望的未来哭泣。薛老爷这一走，家里的主心骨就没了，薛家的寒冬是真的到来了。逝者已逝，可生者还得坚强地活下去。薛小姐和母亲在人生地不熟的蜀地瑟瑟发抖，孤苦无依的她们只能抱团取暖。对曾经锦衣玉食的她们来说，如何生存下去成了眼前的一个大难题。

薛小姐这时候已经十五岁了，按照古代的标准，她是个成年的大姑娘了。这个年纪要么嫁人，要么自谋生路，想啃老是没戏，毕竟家里再也没有能挣钱的老爸了。

4

要不，靠自己赚钱？

其实在风气开明的唐代，女性是可以进入职场的。唐代的职业女性大多选择从事餐饮服务业和手工纺织业。李白的"胡姬貌如花，当垆笑春风"说的就是唐代当垆卖酒的一位胡人女子。但这做生意吧，首先要有本金，破产小资女薛涛现在穷得叮当响，摆摊都摆不起。最重要的是，她作为罪臣之女，人身自由受到极大的限制。想来想去，她唯一一条出路就是加入乐籍，虽然是在社会的最底层，但好歹可以用自己的美貌、音乐特长和文学功底混口饭吃。

古代入了乐籍的人，被称作乐妓，这跟我们现在唱歌跳舞出道的艺人可不一样。乐妓和歌伎是专供有钱人取乐的，说难听点，她们就像是商品一样。混得好，那会成为人人追捧的明星产品；混得不好，那就只能被冷落在货架的角落里慢慢积灰。

古代等级森严，就连妓女都有三六九等之分。服务于皇室的叫作官妓，服务于军队的叫作营妓，服务于地方官员的叫作官妓，被达官贵人养在家里的叫作家妓，服务于老百姓的，叫作民妓。薛涛作为曾经大户人家的小姐，而且琴棋书画样样精通，她的起点就要高一些，当上了官妓，入了乐籍。所谓入了乐籍，也就是正式进入编制之内，国家会管一口饭吃，好歹不至于饿死，也算是个铁饭碗了。

但不管怎么说，都是妓女，都要以才色事人，而且还是形形色色的男人。骄傲尊严什么的，暂时就先放一放吧。毕竟此时也容不得薛小姐多想了，她只能放下大小姐的骄矜，在一个静谧无风的寻常午后，跟过去的自己好好道了个别。

父亲手心里的小公主，变成了迎来送往的乐妓，薛涛内心的挣扎，我们无法感同身受，却也可以猜得一二。幼时随口的一句"枝迎南北鸟，叶送往来风"，竟一语成谶了。

此时此刻，薛涛小姐深深怀疑自己那年张口作诗的时候，头顶飞过了一只乌鸦。本来以为自己作为官二代白富美，是有偶像剧女主光环的，谈个甜甜的恋爱，嫁个门当户对的老公，一辈子没啥可愁的。谁能想到自己手一抖误拿了那个最惨的剧本。家道中落了，老爸去世了，自己还不得已堕入了风尘。薛小姐隐隐感到，有一只命运的大手，将小小的自己攥在其中，她的挣扎反抗都是徒劳。仿佛自己就是史上最惨女主角，还没绽放就要枯萎了。然而在大环境的风云变幻下，一个小小女儿家的身不由己和悲伤无奈，是不值得被历史提起只言片语的。

可是后来，薛涛这个名字，却像一片柔软芬芳的花瓣，轻轻地落在了很多人的心上。那么多的才子文人为她写诗，为她挥洒笔墨。唐朝诗人王建写下《寄蜀中薛涛校书》：

> 万里桥边女校书，枇杷花里闭门居。
> 扫眉才子知多少，管领春风总不如。

薛涛的旧情人元稹也感慨："言语巧偷鹦鹉舌，文章分得凤凰毛。"

这个女子之所以能被人念念不忘，恐怕不仅仅是因为她的绝世才情，还因为她即便拿到了一手烂牌，也认真地将牌理好，尽力地用好看的姿态活出了一生。或许这得益于她曾经读过的诗词书卷，以及她在书里学到的大智慧，无形之中给了柔弱的她强大的心理支撑和精神支柱。

薛小姐入了乐籍后，便开始了自己的乐妓生涯。世人将这样高端的职业女性叫作青楼女子。

唐朝的青楼妓业是非常繁荣的，行业规模极为庞大。欧阳炯的《花间集叙》中就提到，"家家之香径春风，宁寻越艳；处处之红楼夜月，自锁嫦娥"。说的就是唐朝花街柳巷之多，可谓满楼红袖招。这行业虽然上不了台面，但入行门槛还是有的。首先颜值要过关，长得歪瓜裂枣的一律排除在外，别砸了这青楼的招牌。入了行也有职业鄙视链，妓女和妓女之间还是有些细微差别的。长相过得去却没有内涵的庸脂俗粉，多存在于普通妓院中，主要服务中下层阶级。她们单纯地出卖色相，说难听点就是帮客人解决生理需求的。

而乐坊的妓女，层次就明显高多了。毕竟来乐坊寻欢作乐的，大多是文化底蕴和社会地位都比较高的官员，对这烟花女子的要求自然也比较高。乐妓类似于歌舞女艺人，一般是有特长傍身的，琴棋书画中总得占一两样。乐坊中最受欢迎的便是美貌与智慧并存、诗词与音律兼通的才女。她们有着高于普通女子的见识和才学，可以陪这些官员谈谈诗词聊聊人生，满足一下他们的精神需求。

相比起一上来就脱掉衣衫玉体横陈的卖笑女，有品位的恩客们更爱犹抱琵琶半遮面、一曲菱歌撩人心的风雅佳人。若是有能和自己谈词论赋、把酒言欢以慰平生的红颜知己，那就更好不过了。

薛涛就是这样的红颜。她虽然称不上令众生惊艳的绝代佳人，却也算是个七分美女吧。最重要的是她腹有诗书气自华，绝不是那种美则美矣，却毫无灵魂的木头美人。她通晓音律和诗词，这在各界官员眼里可是妥妥的加分项，可以说是门面兼实力担当。薛涛的芳名，很快就在文人才子和高官政客的圈子里流传开来。这些男人，有的对薛涛动了真心，有的只是逢场作戏，有的怜她当作陪在身边温柔的慰藉，有的把她当作填词作赋灵感的来源。但是薛涛知道，自己对这些不缺钱不缺女人的男人来说，很有可能只是他们鱼塘里养的一条鱼。所以薛涛这些年来一直没有动过心，此时的她只是一心一意搞事业。

当乐妓，是薛小姐的无奈之举，但也是她广交人脉以提高自身知名度的一个跳板。虽然之前巨大的痛苦使薛小姐活生生地脱下了好几层皮，但她已经从接二连三的打击中慢慢缓过来了。

那些没杀死她的，都使她变得更加强大。

5

薛涛现在心里很清楚，就算在人人所不齿的风月场中，她也得混出个人样。首先要摆正心态，把当乐妓这事当作一项工作认真地去做，别带有小情绪，哄好金主才是最重要的。于是她不仅充分发挥自己的特长，写诗作赋，让自己有了拿得出手的代表作，还将气质磨炼得出尘脱俗，琴棋书画傍身，并且绝不主动献媚讨好那些男人。

她就像淤泥里开出的一朵碧玉色的荷花，周遭越是污秽，她就越是要脱俗。

薛小姐现在装备精良，拥有美貌、智慧、才学、个人特色，以及一颗强大的内心，这使得她在大唐的文艺圈里一路打怪升级，迅速成长起来。很快薛小姐就被邀请出入于各种高端酒局中。她抓住了每次展露头脸的机会，在宴会上吟诗作赋，妙语连珠，大放光彩，收获了一拨又一拨的粉丝。

这种群英荟萃的宴会是获得人脉资源的最佳场合。薛小姐在此喜提了许多文坛大腕的欣赏，比如白居易、刘禹锡、杜牧等大诗人，都拜倒在了薛小姐的石榴裙下，成了她的座上客。此时薛涛可以说是成功混入了大唐文艺圈的金字塔顶尖。

毕竟她是那么美丽动人。她低头作诗时垂落的发丝，轻抚琴弦时纤细的玉指，吟诵辞赋时生动的眉眼。这样有魅力的女子，谁能不喜欢不欣赏呢？想要薛小姐联系方式的人从蜀地排到了长安城。她和一众才子交好，坊间便流言四起，动不动就传出她和某个诗人、某个高官的绯闻。

但薛涛始终是波澜不惊的样子，每次有八卦小记者问她，薛小姐都只是浅浅一笑说道，我们只是朋友啦。

薛涛此时仍然是乐籍，这个尴尬的身份让她始终无法成为真正的上流人士。但她的美貌和才华，带动的流量和热度，让她成为"大唐第一女网红"。薛涛虽然没有什么社会地位，但随随便便发表一首诗就能引发街头巷尾热火朝天的讨论，还拥有一批固定的粉丝疯狂追捧。如果古代也有互联网，那么薛涛一定是百万粉丝级别的大网红。

薛小姐现在也算是名利双收了。能从一个普通乐妓混成这样知名的网红，大多数女孩子也差不多该满足了。但薛涛心里看得明白，做网红终究是个野路子，没靠山日后还是会混得很艰难。白香山他们这帮人只是看在我年轻好看又有才的分上，带我一块玩，哪天玩腻了，说散也就散了。不行，我还是得想个出路。

这个机会很快就来了。

贞元年间，蜀地新上任了一位剑南西川节度使，叫作韦皋，这个职位就相当于四川省的一把手。韦皋是个很不简单的人物，他是朝廷大员，这些年东征西讨，立下了赫赫战功。韦皋字城武，在当时是像金城武一样受欢迎的国民男神。只不过这位男神上了点年纪，已经四十岁了，对薛小姐来说，可以称他一声大叔。韦皋虽是一员武将，但他的日常爱好并不是舞刀弄剑，而是吟诗作对。所以不打仗的时候，他就喜欢举办文艺派对，邀请各路文人墨客，一同填词作赋，研究音律。

人们只知道韦大人身居高位，叱咤风云，却不知道他也是高处不胜寒，每一步都走得如履薄冰。官场中那么多的权谋和算计，为了功名，为了利禄，他的精神时刻紧绷着。只有诗词歌赋是毫无功利性的，吟唱着清风明月、流风回雪，让人静心宁神，彻底地放松。而吟诵诗赋的美丽女子，更是让人身心俱弛。

那一场宴会中，薛涛也侍奉在侧。韦大叔也早就听说了薛小姐的才情，于是点名要求她即兴赋诗一首。薛涛也算是见过大场面的人了，心想这作诗还不是分分钟的事吗，本小姐八九岁就会了。于是她提笔而就《谒巫山庙》。

> 朝朝夜夜阳台下，为雨为云楚国亡。
> 惆怅庙前多少柳，春来空斗画眉长。

韦皋听后，心中一动。他活到了这把年纪，什么大风大浪都经历过了，什么明眸皓齿的佳人也都见识过了，一颗心已经被磨出了厚厚的老茧，有一点百毒不侵的意味。可是此刻，他被薛小姐打动了。

世人总是一厢情愿地把韦皋和薛涛之间的感情定义为爱情，这实在有些简单粗暴了。

这种情愫，很是微妙，谈不上是爱情，却绝对超越了欣赏之情。四十岁的男人，不会再像十七八岁的少年那样，轻易地怦然心动，陷入恋爱中了。韦皋被薛涛勾起的，大约是怜惜之情。透过她的诗，韦皋仿佛看见了薛小姐的无奈和惆怅。而这种惆怅，不是悲苦沉痛的，而是诗意的，楚楚动人的，惹人怜爱的。

中年男人的怜惜之心，最是要命。此刻韦皋眼里，只有薛涛了。宴会上的其他莺莺燕燕，一下全成了摆设。

他当机立断，将薛小姐接入自己府中。

6

薛涛一下就有了一个强大的靠山。

平时她的任务就是侍奉宴会，作诗助兴。日子久了，她又辅助韦皋做起了案牍工作，红袖添香于其左右。说白了，薛涛从四处商演的歌舞艺人，变身成在固定场所办公的秘书。韦皋看着身旁认真整理文件的薛小姐，突发奇想，想封她为"校书郎"。

"校书郎"是一个正儿八经的官位，主要负责公文撰写和典校藏书，虽然官阶仅为从九品，但这项工作的门槛很高。按规定，只有进士出身的人才有资格担当这个官职，大诗人白居易、王昌龄、李商隐、杜牧等都是从这个职位上做起的，不过历史上还从来没有哪一个女子担任过"校书郎"。

如今不知是韦皋一时兴起，还是他真的很看重薛涛，便想赐她这个封号。后来因为旧例过于严格，并没能实现，不过薛涛"女校书"的名号就这么叫上了。

渐渐地，薛秘书与出入韦府的各界官员文人有些交往过密了。平时巴结讨好韦大将军的人，时不时就往府上送送礼。因为韦皋位高权重，不是想见就能见的，所以礼物都是先到了薛秘书手里，再由她转交。

薛小姐是个明达事理的人，不会为了贪图蝇头微利而失去金主的信任，所以她很聪明地将这些礼物全部上交给了韦皋。但韦皋还是觉得薛小姐和那些人走得太近了，竟然发了大火。一方面，薛涛现在人红了，不免有些飘，金主的事她插手得有些多了，韦皋就感到自己的权威受到了冒犯；另一方面，韦皋权力大脾气也大，有点不顺心就要发火，于是他大手一挥，下令把薛涛放逐到了松州。

松州是什么地方？安史之乱之后，松州被吐蕃所占据，完全还是战时蛮荒苍凉的样子。这时候是贞元十六年（800）的腊月，驻扎在这儿的都是边地官兵，娱乐活动就是喝酒划拳。薛涛那套阳春白雪，放这儿就是来搞笑的。

初来乍到的薛小姐对大家说道，今晚夜色甚好，我给各位爷赋诗一首助助兴吧。士兵们立马大声吆喝，有啥好的，大晚上的冷都冷死了。美女你也别写诗了，来来来，陪咱们大伙喝喝酒，再给我们跳个舞乐和一下。

薛涛心底一凉，绝望地想道，从前在乐坊的时候，面对一堆形形色色的男人，就已经够惨了，但谁能想到人生没有最惨，只有更惨呢。现在想来，当时和那些官员吟诗作对的日子，简直就是天堂啊。韦大人也太狠了吧，把我放到这么一个鸟不拉屎的地方，陪着这么一群粗鲁的家伙，该怎么活下去呢？不行，我必须回大帅府，继续做我的女校书。

不要忘了，薛小姐是一个混迹各类社交圈多年的文艺女青年，情商可高得很，她自然有她的手段回到大帅府。薛涛没有像市井妇人一样一哭二闹三上吊，因为她很清楚，大哭大闹只会让韦皋心生厌恶。机智的薛小姐充分开动她的脑筋，当初她赋诗赢得韦皋的青睐，如今失宠了，那也要用同样的手段挽回君心。于是薛小姐一下作了十首诗，名为《十离诗》。

在这十首诗中，薛涛深深地表达了悔意，字字真诚，句句恳切。就比如其中的《犬离主》：

驯扰朱门四五年，毛香足净主人怜。

无端咬著亲情客，不得红丝毯上眠。

她将自己比喻成韦皋的一只狗，自己所有的恩赐都来自主人。如今犯了错，被赶出家门是活该。其他的几首诗，也是将自己比作韦皋的宠物和物品，中心思想就是：是韦大人为她提供了现在拥有的一切，一旦离开了韦大人，自己就失去了价值，完全活不下去了。

薛涛把韦皋高高地捧到了天上，吹了一通"彩虹屁"。这些年来的人际交往，让她学会了不去硬碰硬，而是以退为进、以柔克刚。韦皋喜欢自己的柔婉和服从，那就深深地低到尘埃里，做给他看他想要看到的样子。

薛小姐是否真的对韦皋有那么大的悔意和情意，我们无从得知。但蛮荒边塞的惨白月光和粗鲁无礼的士兵，是真的把薛小姐给整怕了。她很清楚只有做足谦卑和认错的样子，才能打动韦皋。或许旁人看到这些诗，会觉得薛涛毫无尊严和骨气。可是对薛小姐来说，为了更好地活下去，一时的尊严又算得了什么呢？

曾经的薛涛，也是想作就作、想闹就闹的大小姐。但现在，情绪这种东西，薛涛早就戒掉了。韦大人不分青红皂白地惩罚自己，薛涛心里能没有委屈吗？写出这么跪舔别人轻贱自己的诗，能不难受吗？但她一点都没有表现出来。委屈痛苦的眼泪，要吞下去、藏起来。让人看见的眼泪，是用来示弱求和，为自己争取利益的。这样的眼泪，才可以用作武器。

果然，韦大将军被薛涛的诗捧得很高兴，他想起了初见薛小姐时她的明媚动人、才情四溢。想到这么个美女兼才女在诗中对自己如此褒赞，韦大将军的虚荣心得到了极大的满足。于是他便召回薛涛，继续放在身边红袖添香。

7

薛小姐是如愿以偿地回来了，但她是个明白人，这韦大人看似是个靠山，但实际上伴君如伴虎。自己就像韦皋豢养的一只金丝雀，呼之则来，挥之则去，高兴的时候放在身边好吃好喝养着，不高兴了就丢到千里之外去自生自灭。

对于韦大人，她就像一个精美的玩物，是没有个人自由的。经过这些起起落落，薛涛也看开了，这时候的她，人生境界又达到了一个新的层次，她要人身自由，要为自己而活，再也不想迎合取悦任何男人了。于是薛涛请求韦皋帮助自己脱离乐籍，离开大帅府。这就相当于放弃官方工作，放弃保护伞，选择当一个自由职业者。

未来是好是坏，全要靠自己了。但薛涛一点都没犹豫。

韦皋心里是有些困惑的。他心想这小女子才拼了命回来，就执意要走，闹哪出呢？不过韦大帅这样的人，从来就不会在一个女人身上流连太久。想走就走吧，走了就不要回来。

自此薛涛便离开了韦皋，独自寓居于浣花溪畔。

可能有人会问，为什么聪慧的薛涛会顿悟得这么晚呢？为什么她要跟自己并不爱的韦皋纠缠那么久呢？或许这是因为薛涛年轻时习惯了高品质的生活，是无法一下接受粗茶淡饭草根布衣的日子的。由俭入奢易，由奢入俭难。一个用惯了海蓝之谜的人，是很难再接受廉价护肤品的。

想当年顶流网红薛小姐可谓"五陵年少争缠头，一曲红绡不知数"，为了维持这样的生活水准，她就只能依附于韦大帅，怕当了琵琶女"老大嫁作商人妇"。薛涛为了韦皋耽误的那一段大好的青春，实际上是在为自己所追求的物质生活买单。

当薛涛钱赚够了，名利场待够了，她便打算在浣花溪畔歇一歇，回忆回忆自己充满故事的前半生。

她细细想了一下，自己和韦皋，与其说是爱情，不如说是一种依赖与被依赖的关系，各取所需。韦大叔看中了自己年轻貌美有才华，对外带在身边参加各种酒局有面子，对内又能帮着处理公文，算得上贤内助。而薛小姐看中的是韦大叔的社会地位，以及他能给自己带来的名利和物质。他们之间当然是有感情的，可这感情中掺杂了太多复杂的东西。

而理想主义者薛小姐，内心其实一直渴望着一段极纯粹的爱情。

8

如薛涛所愿，在她从名利场全身而退之后，在春风拂面的浣花溪畔，她遇见了一生挚爱——元稹。

见到元公子的那一刻，迟暮佳人沉寂已久的心一下子苏醒了。薛涛的情窦着实开得有点晚，这时候的她，已经四十一岁了。虽然接触了那么多男人，但严格意义上来说，她还是一位大龄未婚未恋女青年。

而元公子此时三十岁，是一个男人最鼎盛的年纪。此时他的事业如日中天，以监察御史的身份奉命出任蜀地。简单来说，他就是中央派来的人，身后有的是靠山。不过中央派他来监察地方官员，他倒来谈起了恋爱。这也难怪，谁叫元公子不仅事业有成，还长得帅、有才华呢，这可妥妥地招桃花啊。最重要的是，之前丰富的情感经历让他非常懂得取悦女性，面对这种男人，哪个女人会不心动呢？

薛涛跟着韦大帅也算是见过大世面了，什么样的男人没见过。达官权贵，文人骚客，风流少年。可惜百花丛中过，还是被元稹这片绿叶沾了身。

元稹早就听闻薛涛的芳名，于是特地约她在梓州见面。其实元稹这半辈子，也算是阅佳人无数。但是薛涛这样有阅历有故事的女人，对元稹来说是一个非常独特的存在。什么都经历过了的薛涛，有着成熟女人独有的风韵。她的一双眼睛虽然不复年轻时的神采奕奕，却充满着欲说还休的情愫。每次看向元稹的时候，她的眼睛都似乎要娓娓道来一段往事。至此，元稹便再也无法从薛涛写满故事的眼睛中逃离出来了。

他多么想了解，这个女人曾经有过怎样的爱恨悲欢。他也坚信，薛涛的这双阅遍世间风景的眼睛，能够看透他的内心，读懂他所有难言的心事。

李宗盛深情地唱道，"你是我生命中的精灵，你知道我所有的心情"，"我所有目光的焦点，在你额头的两道弧线"。这首《生命中的精灵》仿佛就是元稹想对薛涛说的话。

薛涛看着镜子中自己眼角新长出来的鱼尾纹，有些难过。虽然最贵的眼霜面霜天天招呼着，可还是抵不过岁月啊。元稹多懂女人心啊，他托着薛涛的脸深情地说，比起你年轻时的美貌，我更爱你现在备受摧残的容颜。

于是一场轰轰烈烈的姐弟恋便开始了。

其实对这两人来说，颜值并不是第一吸引力，共同的兴趣爱好才是。他们两个都很喜欢诗词，可以在一起议诗论政、填词作赋，非常聊得来。正如那首歌中所唱，"关于心中的话，心中的话，只对你一个人说"。

可是这段感情，离元稹为亡妻写下"曾经沧海难为水，除却巫山不是云。取次花丛懒回顾，半缘修道半缘君"的绝美情诗并没有多久。就是在妻子逝世这一年，元稹在梓州邂逅了薛涛。原来即便见过沧海，也仍会为秋水而流连；即便见过巫山的云，也会为另一处的流云而心醉。

男人的嘴，骗人的鬼。

对薛涛来说，她和元稹这一段姐弟恋，是非常美好的，正是"金风玉露一相逢，便胜却人间无数"。恋爱中的女人，大多没有理智。和元公子共度朝夕的日子，是薛涛一生中最璀璨的时刻。她前半生所经历的种种，似乎都是为了最后这段转瞬即逝的爱情做铺垫。

那时薛涛总爱穿着红色的罗裙，同元稹坐在浣花溪畔谈天说地。她屋前种着的枇杷和菖蒲，在风里散发着清香。

两人总喜欢一起去蜀山青川，踏着晨霞夕霏郊游。四十多岁经历了人生百态的薛涛，此时又变成了当年那个纯白无瑕的小姑娘。她想起当年随父亲在贬谪的路上也走过这样的山林，可是彼时的心境与此时是完全不同的。经历过这么多之后，当年那么难走的路，如今却也是波澜不惊地就走过去了。

薛涛看着身旁的元公子，心中一动，或许也是有他在的缘故吧。

9

薛涛和元稹共度了三个月的朝朝暮暮。可是好景不长，没多久元稹就被调离蜀地，薛涛只能写信给元公子表达思念，两人开始了一场艰难的异地恋。薛涛每天在信笺上写着甜甜的情诗，她恋爱中心境的起起伏伏全都由一张张信笺承载。此时她写给元稹的诗，跟以往那种大气磅礴的风格迥然不同，完全是一个热恋中小女人的感觉。比如：

> 双栖绿池上，朝暮共飞还。
>
> 更忆将雏日，同心莲叶间。

但细心的薛涛发现，这市集上卖的纸张都太大了，而她自己写的大多是绝句，写给元稹的情诗也较为短小。小小一篇诗写在普通的信纸上就会显得空荡荡的，很不好看。

网红总会搞点副业，古时候的网红也不例外。现在的网红大多靠着颜值和潮流品位走红，通常都卖卖衣服做做自主品牌。但薛涛的人设是才女，得整点更加有文化的产品。于是薛涛很快就开发出一款文创产品"薛涛笺"，又称浣花笺。这么个小玩意儿，制作工艺却很复杂。按《天工开物》记载，制作浣花笺首先要用木芙蓉皮为原料，取浣花溪水造纸，再将芙蓉花、鸡冠花等红色的花捣碎后给纸张染色，制成深红精美的小彩笺，纸面上还可以撒上细碎的小花瓣，闻上去便有清甜之气。

薛涛不仅负责花笺的设计和制造，还亲自带货，用花笺来誊写自己写给元公子的情诗，同时她也会写诗赠予白居易、杜牧等大文人。产品本身别致精巧有新意，加上"大Ｖ"们的推广，薛涛本人的流量，以及产品上面承载着的一段情，浣花笺一下就火起来了，火爆程度完全不亚于现在年轻人对于各种网红奶茶以及限量版球鞋的追捧。

薛涛制作的浣花笺可能是最早的文创产品之一，还成了带动文艺界潮流的爆款商品，比现在超高人气的故宫联名文具早了一千多年。可惜的是，薛涛虽然事业一帆风顺，情路却坎坎坷坷。

元稹离开蜀地后，表现出了渣男式的深情，他对薛涛说："等着我，亲爱的，我会回来娶你的。"薛涛没恋爱的时候，双商在线，清醒理智，连韦皋这种大人物都搞得定。但再聪明的女人一旦恋爱，就成了傻子。

此刻薛涛被爱情冲昏了头脑，她坚信她的元公子会回来，会带给她一个温暖的家，让她不再无依无靠。可惜狗血的情节年年岁岁都在重演，元稹还是让她失望了。离开薛涛后，元公子很快移情别恋，迷上了年轻貌美能歌善舞的刘采春。和薛涛的姐弟恋虽然独特难忘，但旧爱终究不敌新欢，加上千山万水的阻隔，薛涛在他心里没多久就翻篇了。

薛涛渐渐收不到元稹的来信了，她的心一点点地凉了下去。最后一张寄给元稹的浣花笺上写着"他家本是无情物，一任南飞又北飞"。满满的都是薛小姐的心碎。

浣花溪的水依旧潺潺流着，溪畔却只剩了薛涛一抹寂寞的剪影。

元稹不负责任地一走了之，迅速移情别恋，可以说是渣男一个。但他渣归渣，并不代表他没有付出过真心。渣男其实也可以很深情。

如果可以穿越时空去采访一下元公子对薛涛的情感，他肯定并不觉得自己渣。想象一下，元稹深情地说，我只是心碎成了很多片，每一片都爱上了不同的女人，而薛涛，也是我真心爱过的女人中的一个。

比元稹更著名的深情渣男当数金庸《天龙八部》中的段正淳。几乎书里出现的每个中年美妇他都曾认真爱过。元稹、段正淳这样的男人，长得帅，会撩人，说话又好听，哪个女孩抗拒得了呢？这样想来，现在那么多女孩子都为渣男所困，也就不足为奇了。

10

后来为情所伤的薛涛脱下了红色罗裙，换上了灰色道袍，了却种种尘缘，长伴青灯古佛。从薛小姐十四岁那年丧父，她的人生就已经被改写了。没了父亲这个依靠，她这大半辈子都不得不辗转于不同男人身边，毕竟在男权社会下，女性要追求独立，可不是靠嘴上说说，还是得要资本的。

不得不说，薛涛已经尽力活得很好看了。她从在乐坊巧笑逢迎各路男人，到蜀地最高长官的贴身秘书，再到凭借才情成为受人追捧的文艺网红。作为一个没有门路和靠山的女子，能在娱乐圈里先站稳脚跟，再一路晋升，最终跨界成为"女校书"，薛涛的情商是非常值得职场菜鸟们学习的。

可在感情上，她的内心始终有一个大窟窿等着去填补。追求名利的日子过久了，她也就厌倦了，于是薛涛开始渴望一次彻底的情感释放。而且父亲早年去世，让她的原生家庭有了一个缺憾，所以薛涛的内心极度渴望一个稳定的依靠、一个情感的寄托。

这样缺爱的女子，总会紧握着一点温暖不愿放手。这也是为什么薛涛苦等元稹多年都未曾嫁人。元公子给她的那一点短暂的快乐，足够薛小姐用整个后半生去反复回味了。这段爱情像极了昙花，绽放的时候那么美丽盛大、动人心魄，却又在最美的一刻迅速凋落，让一切都归于沉寂。

薛小姐的意中人驾着七彩祥云而来，匆匆离开时却没有带上她。

景步航

鱼 玄 机

（ 8 4 4 ？ － 8 6 8 / 唐 朝 ）

我那被嫌弃的一生

1

　　一千多年前的长安城外有一座咸宜观，咸宜观里住着一个美丽的女道士，她有一个好听的名字：鱼玄机。这个姑娘从小时候起就自带热搜体质，关于她的传说，就像暮春时节的柳絮一样飘散在长安城内，挠得人心痒痒。这个既禁欲又诱惑的名字，吊足了男人们的胃口。人人都想见识一下，那座道观里有着很多故事的女同学，到底是多么美丽，多么有才情。

　　鱼玄机字幼微，一字惠兰。这样别致的名字，听起来像是属于某位白富美大小姐的。可惜的是，鱼玄机美是美，却穷得叮当响。她爸爸是个落魄的书生，仕途很不得意，虽然满肚子的诗书，口袋里却空空如也。鱼爸爸就像某一种鸟类，自己飞不起来，就在窝里下个蛋，想让下一代使劲飞。虽然这下一代是个女孩，在古代即便有才能也没法好好施展，但这并不妨碍鱼爸爸把全部的希望都寄托在小鱼身上。从她一出生起，鱼爸爸就制订了详细又全面的早教计划，经卷典籍，诗词歌赋，一样也没落下。鱼幼微也挺争气，聪明乖巧又好学，是家长们口中念叨个没完的"别人家的小孩"。

元代辛文房曾在《唐才子传》中评价她："性聪慧，好读书，尤工韵调，情致繁缛。"从这寥寥几笔的记录中，我们似乎能够透过千百年的时光，窥见在长安城郊区的那个小房子里，鱼幼微坐在窗前读书写字的小小身影，好像也能听见微风细雨里，她稚嫩的琅琅读书声。

小鱼同学没有辜负她爸的期望，三岁识千字，五岁背古诗，七岁作诗文。周围的人们开始纷纷谈论，平平无奇的老鱼居然生出了这么一个小神童。的确，鱼幼微在诗文上的天赋是不可否认的，但更加关键的是鱼爸爸后天的教育和家庭氛围的熏陶。现在想想，鱼爸爸干吗要一个劲地考功名呢，还不如创办个学龄前儿童教育机构，一定会有很多家长把小孩送来，毕竟他的亲闺女鱼幼微就是最好的宣传广告嘛。

清风不识字，却把鱼幼微这个带着淡淡芳香的名字送入了长安城内。据说，很快这个小姑娘就声名大噪。值得一提的是，鱼幼微不仅智商高，颜值也高，有记载称她是倾国之姿。聪明和美丽，这两样好事全让她给占上了，怎么看都是上天眷顾。可是事实上，这位美女兼才女如同一块精致却易碎的琉璃，命运多舛得让人心疼。似乎世间美好的事物总是不那么坚牢，这样聪慧剔透的美人，是不被允许在人间驻足太久的。

出身寒微却美丽聪慧的女孩子，若是放在现在，是可以凭借自己的努力改变命运的。最好的情况就是，聪慧和努力让她考上好大学，毕业后找到一份好工作。高颜值会为她带来附加福利，更多的机会，更广的人脉，更大的平台。自知美貌却不利用美貌走捷径，而是借助它为自己获得更多的可能性，在这种情况下，摆脱贫困走上致富之路不是梦。

可是在古代，这一切都是做梦。那时候没有九年义务教育，贫苦人家的女孩子连接受最基本的教育都很难，能会写自己的名字就不错了。读书写诗，那是大户人家的有钱小姐专属的。即便有机会饱读诗书又怎样呢，难不成女扮男装去参加科举考试，中个状元入朝为官？那被发现了可是欺君大罪，要掉脑袋的。那么跨阶级婚姻呢？凭着自己的美貌和才学嫁入有钱人家当阔太太？更是做梦。古代都讲究门当户对，大户人家更是如此。出身贫贱的女孩子，再美再有才也只能当个妾。卖菜人家的女儿，想当正妻，那就只能嫁给隔壁卖鱼人家的儿子。

灰姑娘之所以能嫁给王子，是因为她原本就出身豪门，只是暂时落难罢了。

像鱼幼微，家境贫寒，她最好的出路也不过是给大户人家当妾。小鱼读了那么多的诗书，被培养成了一代才女，可那又如何呢？她的美丽和才情，从来都是让后世去怜惜珍视的。而在她所生活的时代，没有人会愿意将她的一生妥帖地安置。穷，成了她的原罪，是她拼尽一生力气也摆脱不了的。诗词歌赋，这些本不属于穷人家女儿的东西，反而让她的生命更加容易折损。

小鱼真正无忧的时光，就是她父亲仍在世的日子。爸爸才是这世间全心全意爱着她护着她的男人。

我能够想象，千年前这样一个美丽的少女，她自出生起，触目之处便都是长安城郊远离喧嚣的风与月，一双眼眸还未曾沾染俗世的尘与烟。她的父亲虽然落魄无为，却想尽办法保护和栽培自己唯一的女儿。这把保护伞虽然不够强大有力，但也能让鱼幼微从小浸润在书卷的墨香和诗词的平仄里。

2

可是有一天，这把保护伞突然倒了。鱼幼微父亲的离世，让她一下暴露在外界的风雨飘摇中。这场突如其来的意外，让这个本就困难的家庭雪上加霜。那天小鱼的妈妈搂着小鱼哭了很久，母女俩如同掉进了无望无告的深渊，黑暗又未知的前路，该如何走下去呢？

父亲走后，她们住的小房子似乎更加逼仄狭小了，鱼幼微便走出屋子，且散愁情。郊外的风好冷，月色也冷，把小鱼浸了个透心凉。

小鱼的母亲在黑漆漆的屋子里，擦干了眼泪。她冷静下来，开始想未来的出路。她只是一个再普通不过的女人，能想到的生存下去的唯一办法，就是进长安城找活干，成为一名进城务工人员。于是相依为命的母女俩，就搬进了长安城内房租最便宜的平康里。

平康里可不是一条普普通通的巷子，而是唐朝的花街柳巷，妓院聚集的红灯区。这里是四处挥洒风流和艳情的地方，这里的女人不为妻也不为妾，她们不守女德女诫，只为了取悦男人而生。她们不仅美丽，还多才多艺，琴棋书画样样都通晓一些。风雅的表面之下，却是让无数男人都骨酥耳软的娇媚和风骚。熟稔的调情术和房中术，把多少男人惹得家都不回了，又让多少男人闻香而来，一晌贪欢。大诗人孟郊进士及第之后，写下了"春风得意马蹄疾，一日看尽长安花"。恐怕这花，不仅仅是春日里烂漫盛开的花，更是平康里娇艳无比的女人花吧。

这里是男人们的天上人间，却是鱼幼微母女的落魄之地。她们就在这里，帮着妓院洗衣服谋生。

此时大唐最鼎盛的时期已经过去，整个社会的政治经济都在向着一个看不见的深渊缓缓下滑。笼罩在落日余晖下的晚唐无声地挣扎着，而平康里却依旧笙箫不断，笑闹不止。来往于这里的人鱼龙混杂，三教九流都在此处放浪形骸，肆无忌惮地释放着人类最原始的欲望。

初到平康里的少女小鱼紧紧地牵着妈妈的手，一脸的张皇失措。这样的场景是她闻所未闻见所未见的。她白得发光的肌肤和周围污浊的环境格格不入。小鱼怯生生地站在一群群肆意嬉笑的男女中间，突兀得像是用 PS 贴上去的。从小就生养在郊区的淳朴女孩鱼幼微，第一次看见这样繁华的都市，看见这样肆意的男女，她还听到了让人脸红耳热的言语，见到了让她羞于启齿的画面。鱼幼微感到深深的不适，毕竟此时她只是一个十岁出头、未经人事的小姑娘而已。

可她没得选，只能硬着头皮待下去。鱼幼微每天唯一做的事，就是机械地搓洗着手中沾染着胭脂味和酒气的衣裳。小小年纪的她，已经很清楚地知道，想要生存下去，吃到一口饱饭，就必须好好干活。

在古代，像鱼幼微母女这样的平民女性，一旦失去了丈夫或父亲的庇护，生活境况就会变得无比艰难。妓女已经处于社会鄙视链的最底端了，而鱼幼微母女还要服务于妓院，可想而知她们的生活境况有多糟糕。鱼幼微小小年纪就看见了社会最残酷肮脏的一面，生活的毒打让她的心性迅速发生变化。小鱼看见了女性是怎样如同物品一般辗转于各个男人手上，是怎样被把玩和轻贱。此时是她三观形成的关键时期，但平康里的种种，一次又一次地刷新了这个小姑娘的认知和道德底线。

"长安城著名诗童鱼幼微沦为平康里浣衣女"的八卦新闻就这么传开了。人们都在议论，曾经那个让各家父母都啧啧称奇的小神童，如今境况居然这么惨。人们脸上都挂着同情和惋惜的表情，但也仅此而已，不会有人真的想出手帮她一把。这件事，只不过是"吃瓜群众"茶余饭后的谈资。

管她有多落魄，又不是自己家的孩子。为她叹息一两声，已经算是心有良知了。

然而有一个人，真的关注起了鱼幼微的境况。这个人，就是大诗人温庭筠。温庭筠是何许人也？那可是晚唐文学界大咖级别的人物，花间派的掌门人。如今我们所熟知的名句"鸡声茅店月，人迹板桥霜"和"小山重叠金明灭，鬓云欲度香腮雪"都出自温庭筠之手。

3

温庭筠，字飞卿。出身于没落的贵族家庭，他的先辈曾是唐初的宰相。虽然温庭筠才情四溢、文思敏捷，但他这人恃才傲物，还太有个性，看哪个高官不爽就作诗讽刺，对自己的言行举止也完全不加约束，因此得罪了当朝权贵，仕途便一塌糊涂。他闲来无事便总流连于平康里，纵情于诗酒声色。

鱼幼微的遭际传到了温庭筠的耳中，他不禁有了同是天涯沦落人之感。照理说，这两人之间是有代沟的，毕竟温庭筠比鱼幼微年长了四十多岁。古代人结婚早，这年纪都可以当小鱼的爷爷了。照现在来说，也是个不折不扣的大叔了。据传闻说，这位大叔虽然有才，却长得一言难尽。有毒舌的人调侃道，温庭筠的画像放在门口都可以辟邪了。

温大叔很丑，却很温柔。他有点心疼鱼幼微这个才华横溢却命运坎坷的小女孩，于是便寻思着要收她为徒。温庭筠心想，这小姑娘是个填词作赋的好苗子，不能就这么荒废了。我先去考考她，看看她是不是真如传闻中那样有才华。

于是在一个春风沉醉的傍晚，温庭筠叩响了鱼幼微家破旧的房门。在来的路上，他就已经想好了考验小鱼同学的题目，以"江边柳"为题作诗一首。门吱呀打开的那一刻，小姑娘鱼幼微便看见了这个名震京城的大诗人温庭筠。温庭筠说明了自己的来意，并请小鱼同学赋诗一首。鱼幼微小小的脑瓜子高速运转了一会儿，便拿起笔在花笺上唰唰写下了一首《赋得江边柳》：

翠色连荒岸，烟姿入远楼。

影铺秋水面，花落钓人头。

根老藏鱼窟，枝低系客舟。

潇潇风雨夜，惊梦复添愁。

　　温大叔反复吟咏了一番，心里惊喜得不行，这用词，这音韵，这意境，妙啊！小丫头果然对得起京城第一诗童的称号，这徒弟，我收了。千里马遇上伯乐是人生之大幸，同样，伯乐能遇到一个可塑之才，也会有天涯遇知音之感。

　　至此，温大叔便一下打开了话匣子，他从品评鱼幼微的这首诗开始，谈古论今，口若悬河。鱼幼微小鹿一样清澈的眼睛，跟随着温庭筠的动作表情出神至极，眼中的敬仰如同滔滔江水般连绵不绝。温大叔长得有些抱歉的脸，在鱼幼微眼中却自带光环，变得无比帅气。

　　从这之后，温庭筠便常常出入平康里，教小鱼作诗，他不但不收学费，还常常照顾这对母女的生活。慢慢地，这个大叔之于鱼幼微，便不仅仅是老师的存在了。他的出现，不仅在某种意义上填补了小鱼心中父亲早逝的缺憾，也让这个步入青春期的少女，初尝了类似爱情的滋味。那天温大叔带着小鱼最爱吃的糕点来看她，并准备和她聊一聊自己最近新作的一阕词。这个男人笑起来憨憨的样子，让小鱼感到了久违的温暖。对鱼幼微来说，温大叔就是这混乱的人世间唯一的一股清流。

　　有人觉得，温庭筠的丑是出了名的，怎么鱼幼微这么一个绝世美才女，偏偏喜欢上了丑大叔呢？其实小鱼对于温大叔的感情是很好理解的。想象一下，一个成绩优异却家境清贫的女学生，在为生活费和学费头疼的时候，她成熟稳重又才华横溢的语文家庭教师伸出了援手，给了她物质和精神上的双重支持。于是这个纯白如纸的女学生心动了，从此暗恋上了自己的家庭教师，为他的才华和风度所倾倒。至于这人长啥样，女学生都可以用一双自带滤镜的眼睛将他无限美化。

年少的鱼幼微，一见飞卿，便误了终身。

和大多数暗恋的桥段一样，这也是一个少女爱而不得的故事。温大叔的骨子里有着诗人漂泊无定热爱自由的属性，长安的月色他已经看倦了，于是他临时决定去南方。至于这个新收的小徒弟鱼幼微，对温庭筠来说，她只是自己旅途中的一方小小的景色，虽然旖旎，却绝不会为之停留太久。

这一走，可把小鱼同学给想念坏了。于是在一个深夜，她决定大胆表白，便写下一首《冬夜寄温飞卿》：

苦思搜诗灯下吟，不眠长夜怕寒衾。
满庭木叶愁风起，透幌纱窗惜月沉。
疏散未闲终遂愿，盛衰空见本来心。
幽栖莫定梧桐处，暮雀啾啾空绕林。

这首诗每句话都在暗暗地表达一个中心思想，就是温飞卿我很想念你。注意这首诗的标题，不是称呼温庭筠为老师或者恩师，而是直呼其名，温飞卿。漆黑的夜色是情绪的催化剂，乖乖女小鱼藏在内心深处的叛逆因子此刻被激发出来了。饱读诗书的鱼幼微，即便未经人事，又怎么可能不清楚，这样的情感是不会为世俗所接受的。一旦曝光，一定会登上八卦新闻的头版头条，被长安城的"吃瓜群众"议论个没完。但小鱼还是寄出了这首饱含深情的诗。

隔着千年的时光，我们很难揣测温庭筠对小鱼是否有赏识和怜爱之外的其他情感。但可以确定的是，温庭筠并没有接受鱼幼微的爱意。或许温大叔看着鱼幼微这样一个水晶般剔透的可人儿，再看看镜子里自己这张丑丑的老脸，曾感到过深深的自卑和愧疚。我猜想他是有过心动的，也在道德和情感的分界线上徘徊挣扎过。但当他意识到这个女孩子是自己的学生，还比自己小了四十多岁时，他选择了发乎情，止乎礼，将两人的情感限制在师徒关系之内。

或许这也是他离开长安的原因之一。长安城处处都有鱼幼微的影子，他无法控制住自己一次次前往平康里，和那双小鹿一般清澈的眼睛一次次地对视。

当然了，以上种种，都是我作为一个后人的猜测和意淫，史书上并没有只言片语证明过这两个人对彼此产生过别样的情愫。我们总喜欢给有着传奇经历的古人们添些风流韵事，因为史书上的记载，实在过于冰冷无聊。只有给他们注入人类共通的情感，才能让那些遥远的已逝之人活过来，变得有血有肉、立体生动。而连接我与鱼幼微的纽带，就是她在不同心境下写下的诗词。每读她的一首诗，这个女孩的模样就更清晰地出现在我的眼前。而我从中抽丝剥茧，编织了一些绮丽又奇幻的梦。

温大叔离开后音信全无，鱼幼微从前总含着一汪水的眼眸，逐渐变得幽深。

父亲离世，温大叔也离开了，这个女孩子承受了太多她这个年纪所不该承受的委屈。此时鱼幼微的心里莫名浮上来一层恨意。她恨自己的爸爸那么早地丢下了这个家，又恨那么信任依赖的温大叔突然不辞而别。自己的存在仿佛可有可无，随时都可以被轻易地抛弃。

4

然而他们之间的故事并没有就此结束。

突然有一天，温大叔又出现在了鱼幼微面前。久别重逢，小鱼有太多话想对温庭筠说了。但她话还没说出口，就发现大叔的身后还跟着一位风度翩翩的年轻人。

这个年轻人叫作李亿，江陵名门之后，当朝的科举状元。原来温庭筠这次回来是当媒人的，想要给鱼幼微张罗个靠谱的对象。小鱼的心就像在坐过山车，一会儿高高飞起，一会儿又哗哗坠下。她想着，还以为大叔这次回来是为了和我再续前缘，没想到他是想把别的男人介绍给我啊。敢情我在他心里就像个物品，说转手就转手给别人了。

鱼幼微当时心里那个难过失落啊，可是她又不能表现出来，

烈焰繁花少女时

190

毕竟她和温大叔从来就没有确定过任何男女之情上的关系。她根本就没有资格为他流泪。年少的鱼幼微，误以为温庭筠对自己的关心和赏识，是暧昧，甚至是爱情。

既然是一厢情愿，那就要认赌服输。

鱼幼微还是有一点不甘心。她带着一点赌气的意味，答应了和李亿相个亲约个会，看看能不能谈得来。

这李亿是个饱读诗书的青年才俊，性格也还不错，怎么看都是合适的结婚对象。如果是被这样的人明媒正娶，那鱼幼微这一辈子，倒也会安稳无忧。但很快鱼幼微就了解到，这李亿虽然哪儿哪儿都合适，但要命的一点是，他已经结婚了，有一位正妻裴氏。这一点温庭筠事先肯定是知道的，或许在他心里，即便鱼幼微是自己赏识的学生，她卑微的出身也只配嫁给大户人家为妾。

终究还是自己不配。

在古代，小妾和奴婢是差不多的，她们都相当于物品，而不会被当作一个人平等对待。我们经常在电视剧里看到某个老爷宠爱小妾冷落正妻的老套桥段，其实，这基本上都是扯淡。妻子和小妾的地位是有天壤之别的。首先，正妻是三媒六聘风风光光娶来的，而小妾是纳来的。纳妾根本不需要什么聘礼，顶多给女方家里一点钱，相当于买来了个物件放在家里。其次，妻子的家庭地位并不是由丈夫的好恶决定的，而是有严格的法律规定和宗法制度制约着，不是丈夫随随便便一句"不爱了"就可以将妻子休弃的。如果丈夫宠爱小妾，轻视妻子，那么按照严格的礼法制度，这个妾就可能会被打死。

苏轼对其小妾王朝云非常喜爱，在她去世后写下了《悼朝云》《西江月·梅花》等深情绵邈之作。在苏轼漫长又艰难的贬官之路上，朝云始终对他不离不弃，还为他生子。然而即便是这样，当时已鳏居多年的苏轼也从未有过将朝云扶为正妻的念头，因为朝云是歌女出身，地位低贱卑微。这位跟着东坡辗转流离十余年的女子去世后，东坡在其墓碑上镌刻下的称呼，也不过是"侍妾"二字。

总而言之，妻妾有别。小妾的地位远远低于妻子，是得不到同等的尊重和善待的。

所以温庭筠虽然介绍了李亿这么个青年才俊给鱼幼微，却是让她去做妾，相当于在潜意识里把小鱼看作一个物品。温庭筠干了这么件不厚道的事，在鱼幼微已经受伤的心上又狠狠补了一刀。但对鱼幼微来说，此时她也没有更好的选择了，"身不由己"这个词，可以准确地概括小鱼的大半生。她一方面想着我得快点忘掉温大叔，开始新生活了；另一方面，失去了稳定经济来源的她，必须赶紧找个大腿抱着，哪怕要付出丢掉尊严的代价。

至此小鱼便把自己为了温庭筠碎成饺子馅的一颗心，以及她夭折在襁褓的初恋，一同含泪埋葬了，然后接受了做李亿的小妾。

5

根据后来鱼幼微写给李亿的诗，可以推测出她和李亿在一起的时候，还是度过了一段很快乐的时光的。或许也是因为，在被残酷的现实重重地打了好几巴掌后，李亿对她的那一点好，已经是她毕生不可多得的温暖了。

她就像一只飞了很久却无处落脚的鸟，一旦找到了可以暂时停歇一下的树枝，便会无比贪恋。她的全部身心，都系在了李亿这根树枝上。她不敢再去想曾经那些无依无靠的日子。

李亿也是很喜欢鱼幼微的。这样美貌与才情兼得的尤物，试问哪个男人会不喜欢呢？可是李亿心里很清楚，妾就是妾，只是自己的玩物而已，永远无法代替正妻的地位。所以当李亿凶悍善妒的大老婆裴氏每次为难鱼幼微的时候，李亿都选择假装看不见听不见，短暂性失明失聪。虽然在古代男人纳个小妾实在是再平常不过的事了，大多数女人都会睁一只眼闭一只眼，有的贤惠的妻子甚至还会和丈夫说，老公啊，看你最近心情不好，要不咱买个小妾找找乐子吧。可裴氏是个大醋坛子，就是不能容忍鱼幼微这个小妖精的存在。哪怕鱼幼微在李府小心翼翼地说话做事，尽心尽力地伺候着李亿夫妻俩，裴氏还是会不停找碴，动不动就把鱼幼微打得伤痕累累。

小鱼不断地妥协、退让、委曲求全，但这并不能为她换来安身立命的一个小角落。裴氏这姐们儿这么暴烈也是有原因的，她家里特别有钱有势。李亿是个明白人，他深知自己想要在仕途上走得更顺，还得依靠自己老婆娘家的权势。小妾可以再纳，可千万别把正官娘娘惹毛了。当老婆裴氏一再发威，李亿只能一纸休书休了鱼幼微。

鱼幼微被迫离开李府的时候，心里盛满了屈辱和恨意。哪怕是身份最卑微的小妾，她都不配当吗？为什么口口声声说着会照顾爱护自己的夫君，每次在看到自己被打骂的时候，都选择了默默走开？偌大的长安城，就没有她鱼幼微安稳度日的一席之地吗？

李亿看着鱼幼微离去的身影，心里也不太好受。他对这个女子，多少还是有些留恋的。就算是一只小猫小狗，养久了也会有感情，何况是鱼幼微这样的绝代佳人？再说了，李亿生性风流，家中纵有"妻管严"，也按捺不住他蠢蠢欲动的心。李亿想，得找个办法安置她，不能让我的小美人就这么自生自灭。

于是鱼幼微就被李亿送入了长安城外的咸宜观，当朝状元的小妾鱼幼微，从此变成了女道士鱼玄机。

李亿虽然玩起了金屋藏娇，但玩归玩，闹归闹，他可从来没把自己的仕途当玩笑。为了自己的前途，李亿并没想过要迎娶鱼玄机为妻。只是他对于这个美丽的前任小妾仍然有一丝不甘心。人们对于自己未曾得到的和已经失去的东西，都会念念不忘。于是他深情地对鱼幼微说，你等我三年，到时候我一定休了我老婆来娶你。鱼玄机虽然知道这句话半真半假，但她仍然忘不了这个带给过她欢愉与温暖的男人。或者说，她对爱情，仍然抱有一丝幻想。

于是鱼玄机就傻傻地在咸宜观里当了三年的道姑，等着李亿来带自己回家。毕竟在这世间，李亿是她唯一可以依靠的人了。

6

在等待期间，鱼玄机见不到李亿的人，便只能将情思付与诗酒。李亿字子安，于是便有了很多首《寄子安》。最开始的等待，仍是心怀希望的，鱼玄机也曾写下"如松匪石盟长在，比翼连襟会肯迟"。那时她还傻傻地相信着，她与李亿之间的情意，会如松柏那样长青，他们许下的盟誓，会比石头更加坚定。如今只是暂时的分离，李亿很快就会回来找她，他们会像比翼双飞的鸟儿那样，永不分离。

可是等着等着，鱼玄机就有些心灰意冷了。时间连成一条线地过去，昼与夜对她都没有什么意义。她每天吃饭，却尝不出来什么滋味；每天睡觉，可总是没法一觉睡到天明。她多么不想在半夜醒来，只因为夜晚的咸宜观，太静了，静得心里发空。她能拿什么去填呢？没有爱，没有快乐，只有层层的寂寞，填满了她的心，填满了整个道观。春天漫山的花开了，正是踏青的好时节，可鱼玄机仿佛闻不到香气。她总是不想出门，却迷上了喝酒。她渐渐明白了为什么人们都要借酒消愁。似乎只有酩酊大醉的时候，才可以暂时忘却烦恼。

日日花前常病酒，敢辞镜里朱颜瘦。

住在道观的日子，鱼玄机常常穿着一身素色道袍，宽大的道袍晃晃荡荡的，显得她更加消瘦。她天天绾着松松的发髻，不施粉黛，素面朝天。有时她数着墙上的光影，有时她扫着门前的落叶。她还常常坐在窗前看天上的云。那些流云聚了又散，散了又聚，可是她等的人，却始终没有回来再与她相聚。

枫叶千枝复万枝，江桥掩映暮帆迟。

忆君心似西江水，日夜东流无歇时。

　　鱼玄机等啊等，她看着镜子中的自己眼底的光彩在一天天流逝，曾经炽热的心在一点点冷却。咸宜观日日静若无人，里面除了寂寞，还盛满了一个女人孤注一掷的等待。

　　或许有人会问，难道鱼玄机就没有自我吗？为什么要把全部希望都寄托在男人身上？或许这是因为，父亲早逝，她又饱受贫困折磨，实在是过怕了无依无靠的生活。缺爱又缺钱的原生家庭，很容易让一个人变得过度依赖别人，特别是对于鱼玄机这样本就敏感柔弱的女孩子。所以她才会把后来遇到的男人，都当作救命稻草一般的存在。

　　可是三年之后，鱼玄机等来了一个李亿带着全家远赴扬州当大官的消息。李亿不是她的救命稻草，而是压垮她的最后一根稻草。鱼玄机深深感到，自己付出的真心，全都喂了狗。每次对一个男人的爱和信任，换来的都是背叛和抛弃。鱼玄机的心，这次算是彻底凉透了。所有人都是短暂地爱了她一下，短暂地陪了她一下，可她需要的，是很多很多的爱、很多很多的陪伴。

　　既然一个男人给不了，那就要很多个男人吧

7

　　这一年，曾经的傻白甜鱼玄机彻底完成了她的黑化。

　　她在咸宜观贴出告示：鱼玄机诗文候教。表面上是在欢迎大家来切磋诗文，实际上是在暗暗地问各路男人：约吗？本应清净的道观，一下成了艳帜高张的风月场所。鱼玄机，这个高颜值美女兼才女，大诗人温庭筠的女徒弟，科举状元的前任小妾，自然是吸引了无数男人的目光。一时间咸宜观成了比平康里更受欢迎的去处。宝马香车，一次次地扬起了咸宜观前的尘土。大唐才女鱼玄机，一次次地和不同的男人寻欢作乐。她在自我放逐中找到了一丝报复的快感。

鱼玄机就是要天下人看清楚，管他什么文人墨客风流名士，还不是要拜倒在我的石榴裙下？

长安城从此不再有鱼幼微，只有咸宜观里的女道士鱼玄机。

在唐朝，出家当女道士是一种潮流，尤其风靡于皇室之中。唐朝有多位公主都当了女道士，她们中有的是为了躲避出塞和亲而出家，还有的是为了过上更为自由放任的生活，就比如唐睿宗的金仙公主和玉真公主，她们表面上以"为皇室祈福"而居住在道观，实际上经常叫来一帮文人雅士纵情作乐。唐朝的女道士，没有那么多清规戒律，不仅不需要剃度，还可以穿自己想穿的漂亮衣服。她们比寻常人家的女子更为自由，不受那么多道德的约束，也不用早早地结婚生子。王建有诗云："女冠夜觅香来处，唯见阶前碎月明。"说的就是女道士的风雅生活。

而鱼玄机，又以一己之力，将"女道士"这个称呼，变得更加香艳。她在这里百无禁忌地放飞自我，纵情声色。每当天色暗下来，长安城内的万家灯火又要点起来的时候，咸宜观便开始酝酿着一场狂欢了。派对的女主人鱼玄机在镜子前化着妆，她等着各色各样的男人前来和她吟诗作对、把酒言欢。每天晚上，她会选择那个最合她心意的男人，与之共度良宵。人们一边骂她放荡，一边又对这个深锁着无边春色的咸宜观，好奇着，神往着，垂涎着。那些衣冠楚楚的所谓君子，在这里撕下了虚伪的面具，放纵着自我。鱼玄机看着他们丑态百出的样子，轻蔑一笑，呵，男人。

好像只有在此时，鱼玄机才能够得到一点获胜的快乐。她不知道自己在和谁较劲。或许她恨天下男人，又或许是，她与整个世界为敌。

鱼玄机总是迷恋着酒醉后的晕眩，常常挣扎在清醒和梦境之间。半梦半醒间，她的眼前幻化出无数个过着别样人生的自己。鱼玄机想起了十五岁那一年路过崇真观，正赶上朝廷公布新科进士名单。围在旁边的男同学中有考上了进士的，便春风得意地在墙上题诗留念。小鱼就站在旁边静静地看着他们表演。她的心里是有一些不服气的，如果我是个男的，哪还有你们什么事啊。论写诗，在场的各位，都是弟弟。于是她不顾周围人们讶异的目光，自顾自地在墙上写下：

云峰满目放春晴，历历银钩指下生。

自恨罗衣掩诗句，举头空羡榜中名。

只恨我是个女孩子，空有了这一身才华。没有机会考取功名，荣耀平生，到底是意难平。

鱼玄机曾经想过，或许她的一身才华，可以让她走出童年时那个破旧的小屋子。的确，她是走出来了。但这之后，她又陷入了更大的困顿之中。

易卜生的《玩偶之家》鼓励女性要像女主人公娜拉一样挣脱传统观念的束缚，追求自由，大胆出走。但娜拉出走之后会怎样？大抵不是堕落，就是回来。人人都在赞叹着女性冲破樊笼的勇气，却没人会在意她们需要为此付出怎样沉痛的代价。和现实硬碰硬，只会让自己遍体鳞伤。那时候想要宣扬大女子主义是需要资本的，一个女人必须拥有足够多的钱和深厚的家庭背景，才可能有机会一个人独自美丽，不需要依靠男人就过上美滋滋的小日子。

而鱼玄机，一个贫穷人家的女孩子。纵然有颜值有才气，那又怎么样呢？她还是得面对现实。说白了，口袋没有钱，她就没有选择权。她的一切都不属于自己，连美丽都是别人的。我曾猜测过，这个用一句"鱼玄机诗文候教"就搅翻了整个长安城的小女子，内心到底有过怎样的想法。或许她以为：所谓的自由，就是放纵；所谓的勇敢，就是叛逆；所谓的不走寻常路，就是冒天下之大不韪。她自欺欺人地认为，结交不同的男人，就是自己拥有了选择权和主动权。

身不由己的一辈子，如今也让我自己做一回主吧。

鱼玄机心里的不甘和恨意，不仅仅是冲着男人和这个世界，更是冲着她自己。被嫌弃的鱼玄机的一生，为人妾，为女道士，被当作物品送来送去。而她始终在做徒劳的挣扎和无谓的抵抗。她拒绝接受自己一生的爱恨悲欢都掌控在男人手中的事实，可她又无法改变这个事实。所以她夜夜把自己灌醉，只有在酩酊大醉的时候，鱼玄机才觉得自己不属于任何人，只属于她自己。看着那些为她的美色而神魂颠倒的男人，鱼玄机固执地觉得，自己在这一刻，是凌驾于他们之上的。

关于鱼玄机的消息，天天占据着大唐的八卦新闻版面。今天某位知名作家前去拜访鱼玄机，明天某位高官深夜幽会鱼玄机。鱼玄机这个名字，从此便带着一丝情欲的味道。

鱼玄机的身边有一个叫作绿翘的侍女。在人世间无依无靠的鱼玄机，将绿翘看作唯一值得自己信任的人。绿翘虽然年纪尚小，但来咸宜观的男人们都说，绿翘跟着鱼玄机久了，眼角眉梢也有了她的风情。这些男人中，就连鱼玄机最中意的帅哥乐师陈韪，都会在和她相处的时候，目光偷偷摸摸地在绿翘身上流连几番。鱼玄机看着正当妙龄的绿翘，又看着镜中的自己，脸上有岁月流淌过的痕迹，心里漫上来一阵阵苍凉和无力的感觉。

最是人间留不住，朱颜辞镜花辞树。

那时的鱼玄机，虽然只有二十四岁，但再好的底子也架不住天天喝酒熬夜。再加上在绿翘青春逼人的对比下，鱼玄机的眼睛里，已经有了一点美人迟暮的影子，这是多贵的眼霜都拯救不回来的。看着绿翘嫩得能掐出水的皮肤，鱼玄机美丽的脸蛋都因为嫉妒而有些变形。这让她内心不知冲着谁的恨意，又加深了几分。她的身体里好像埋了一颗定时炸弹，随时都可能引爆。

8

而这颗炸弹的引爆，只是在一个寻常的夜晚。那天鱼玄机受邻院邀请去参加一个酒宴，临走前她对绿翘说："如果乐师陈韪来找我，就告诉他我去哪儿了，让他等我回来。"那天鱼玄机本来想着早点回家睡个美容觉，结果没忍住又喝多了，玩到挺晚才回家。

尽兴而归咸宜观后，却发现绿翘这丫头鬓发散乱，两颊潮红，眼睛中春意流转。鱼玄机心里有了不好的预感，便问绿翘："陈韪来了吗？"绿翘眼神躲躲闪闪地回答她："陈公子来过了，我说您不在，他就走了。"可是女人敏锐的直觉告诉她，绿翘和陈韪，一定背着她做了苟且之事。鱼玄机甚至闻到空气里都充满了雌性绽放的味道。鱼玄机心如死灰，遭到背叛的感觉又铺天盖地而来，恨意在瞬间吞没了她。

为什么，全世界都要背叛我鱼玄机？

鱼玄机越想越生气。夜深了，她把绿翘叫到房中，严厉责问她是不是和乐师有了不轨之事。绿翘肯定不会老老实实地承认，只是一个劲地哭。绿翘眼中带泪楚楚可怜的样子，更激起了鱼玄机心底的愤怒，她扬起手中的藤条，狠狠地抽打在绿翘身上。毫无反击之力的绿翘，成了鱼玄机的一个发泄口。鱼玄机对这个世界的怨恨，对命运的不满，以及她作为一个弱者所遭受过的种种屈辱，此刻统统发泄在了一个比她更加弱势的绿翘身上。而鱼玄机和她自己的斗争，也进入了殊死阶段。

鱼玄机自己都没有意识到，她的内心积压了那么多的痛楚和委屈。此刻她因愤怒而放大的瞳孔，早已不再如当年初见温庭筠时那般清澈了。她在一种不自知的癫狂中一下一下地抽打着绿翘，绿翘苦苦求饶的声音反而更加刺激了她的神经。

这么多年隐忍的怨气全在这一刻爆发了出来。

当年被李亿的大老婆毒打的每一下，此时都加倍偿还到了绿翘身上。直到绿翘完全失去了声息，鱼玄机才停下了手中的鞭子。长安城郊的月色还是和她小时候见到的一样温柔，只是洒在绿翘失去生气的脸上时，变得有些阴冷。

鱼玄机见真的闹出了人命，有些慌了。但她安慰自己，不过是一个奴婢而已，埋了就完事了。的确，依照《唐律》所规定的"诸奴婢有罪，其主不请官司而杀者，杖一百。无罪而杀者，徒一年"，鱼玄机杀死的是自己的奴婢，所以并不会被判处死刑。毕竟奴婢的命有如草芥，不必主人一命抵一命。

此时的鱼玄机，心已如刀剑一般冰冷了。她没有因为一条生命的逝去而悔恨悲伤，她只是抱着无所谓的态度，随意将绿翘的尸体埋在了后院里。过了几日，有个客人喝多了，去后院解手，却发现地上某个地方围着一大群苍蝇，挥之不去。细细一看，这里有隐隐的血迹，还有一股腥臭的味道。他不禁慌了神，告知了县衙的差役。差役带人来查，事情很快就水落石出了，鱼玄机对打死绿翘的事供认不讳。当时的她并未想到，失手打死一个奴婢，会让自己送了命。

东窗事发之后，案子到了官府那里，很多曾与鱼玄机有过枕席之欢的官员名士纷纷替她求情。长安城的男人们可不想这么一个美艳风情的尤物被打伤或是去坐牢。京兆府有些为难了，便将此案上报给了朝廷。出人意料的是，当朝皇帝唐懿宗可能是那天心情不太好，居然直接将鱼玄机判处了死刑。

临死前的鱼玄机，心里是有过悔恨的。但她的悔恨，并不是因为杀了绿翘。她悔的是，一次次地相信了男人；恨的是，此生背叛过自己的男人。可是她也实在不知道，若是拥有一次重来的机会，自己是否能过好这一生。她不知道是哪一个环节出了错，又或许，从一开始，便都是错的。

一个风华绝代的才女，生命就此落下帷幕。

没有了鱼玄机，咸宜观就是个再普通不过的道观。长安城内的人们渐渐被新的事物所吸引，城外那座小小的道观，很快就被遗忘了。这里吹了一千多年的风，把鱼玄机的故事都吹散了。她对心上人那份极其绵长的等待，她吞咽下的种种委屈，她醉酒时的笑和清醒时的泪，渡过的人世间最苦的劫，都在风里雨里消散了。如今这座道观都已消失不见，而曾经住在这里的女主人，却是真真切切地感叹过，易求无价宝，难得有心郎。这首流芳千古的诗，正是出自鱼玄机笔下：

羞日遮罗袖，愁春懒起妆。

易求无价宝，难得有心郎。

枕上潜垂泪，花间暗断肠。

自能窥宋玉，何必恨王昌。

那年的她，在空寂无人的道观中痴痴等着不会回来的李公子，感叹着无价之宝易得，而真情之人难觅。或许生命走到最后阶段的鱼玄机，也曾感叹过，生而为人，我很抱歉。

李 清 照

（ 1 0 8 4 — 1 1 5 1 ？ / 宋 朝 ）

姐就是女王

1

头疼得很。一觉睡到大中午，怎么昨晚的酒劲还没过去啊？

李清照揉着太阳穴，慢吞吞地从床上爬起来。昨儿想必是下了一宿的雨，刮了一夜的风。窗外的海棠花怎么成这样了？花落了一地，整个庭院都乱糟糟的，真是闹心。卷帘的丫头居然还说我的海棠花没事，这不是睁着眼说瞎话吗？没见那树上只剩叶子没有花了吗？

李清照有点起床气。她坐到梳妆镜前，懒懒地照着镜子，梳着头发。"天呀，我怎么都有黑眼圈了啊，皮肤也没那么有光泽了。不行不行，熬夜喝酒太影响颜值了，这次我一定要戒酒。"李清照自言自语道。

"第二百五十八次。"侍女小丫头端来一碗银耳莲子羹，扑哧一笑说道。"什么二百五十八次？"李清照满脑袋问号。"这是小姐您第二百五十八次说要戒酒啦。"

从没见过像她这么爱喝酒的女孩子。她的老爸李格非怎么也想不明白：我们家明明是书香门第，怎么就生出了个女酒鬼呢？

李清照诞生于高级知识分子家庭，关于她的家庭背景，有两种传闻。有人说她的曾外公叫王拱辰，曾中过状元；有人说她的外公叫王珪，曾当过宰相。总之，李清照的妈妈出身于最高层的士族家庭，而她的爸爸李格非就更厉害了，是大才子苏东坡的门生，著作颇丰，是苏门"后四学士"之一。

这样不凡的家庭，才能诞生千古第一才女。作为婉约派词宗，在后人的心目中，李清照的形象通常是一个温温柔柔的小女子，她或是轻解罗裳，独上兰舟，或是独倚西窗，人比黄花瘦。她的词写得如此美，如此婉约，想来本人也是"娴静时如娇花照水，行动处似弱柳扶风"的林黛玉式的女子吧。

可是我们完全想错了。

1084 年的春天，大宋仍然是一片繁荣安稳。在这烟花三月的时节，一个双鱼座女娃娃诞生在了山东济南。老李爱怜地看着襁褓中软软糯糯的小女孩，决定唤她为李清照。"人动佳色，物含清照，若合璧之无瑕，比重轮而有耀。""多美啊。"老李满心温柔地想道，"我的宝贝女儿，日后必定是一个端庄娴静的大家闺秀，如白玉无瑕，似明月清照。"

然而大家闺秀的养成，并不是仅仅需要遗传的优良基因，更需要一个安稳优渥的成长环境。可李清照的童年，生活条件并不好。李格非虽在朝为官，却非常清廉，所以家里也没什么钱。李清照一岁的时候，妈妈就去世了；四岁的时候，爸爸又被调去东京汴梁当太学教导主任，小小的李清照便只能被寄养在伯父家里。

一般来说，书香世家的女孩应该是深居闺阁的，大门不出二门不迈。但李清照从小就被放养了，没有妈妈教她在家学女红刺绣，也没有爸爸在身边约束她的行为。李清照和她的堂兄们一块玩闹着长大，她和他们一起玩泥巴，也和他们一起去学堂读书。远在汴梁的老李万万没想到，自己的女儿离大家闺秀的样子，是越来越远了。

不过李格非还是很开明的，他觉得女儿开开心心地长大更重要，不用太拘泥于传统礼仪思想。有了老爸的宽容，李清照就更加光明正大地不学女红，不学淑女礼仪。当堂兄们聚在一起玩游戏时，李清照也要来凑个热闹。玩归玩，闹归闹，读书这个正经事，小李同学可一点也没落下。比起玩泥巴，李清照更爱读书写字，每天和堂兄们一起去学堂上学是她最快乐的事。

几百年前的学堂，传来了孩子们拖长了音调，如小和尚念经一般的诵读声。午后的熏风吹得一群小孩子直犯困，他们一个个东倒西歪，巴不得早些下课回家放纸鸢、蹴鞠。只有小小的李清照睁着求知的大眼睛，生怕漏掉先生说的每一个字。随着她慢慢长大，认的字越来越多，小李同学便越来越喜欢看书。不管她人在哪里，手上总是拿着一本书。堂兄们叫她玩游戏她都不玩了，只一心沉浸在书卷的墨香里。

她还尝试着自己写诗作词。小李完美继承了老李的文学天赋，再加上她聪明好学，芝麻点大的小人儿，就已经显露出了在诗词创作上的才气。那遣词造句，简直就是为文字而生的。老李得知后，别提有多开心了。他心想，宝贝女儿如此有天赋，可不能耽误了，必须好好栽培一番，于是将李清照接到了自己身边。

2

李清照被接到京城的时候，家里生活条件已经好了许多。此时李格非担任礼部员外郎，这官衔不小，俸禄自然也不少。再加上老李自己的文学造诣颇高，平日里他结交的朋友都是有头有脸的文化人。为了女儿可以得到更好的教育，老李便专门请了苏门四学士之一的晁补之来指导她。有天分，有热爱，有老爸的鼎力支持，还有名师一对一指导，小李同学便尽情挥洒着她的文学才能。她某天喝多了随手写的一首小令，也就是那首"昨夜雨疏风骤，浓睡不消残酒"，就被京城文艺圈的大咖们夸上了天，有记载称"当时文士莫不击节称赏，未有能道之者"。

那时的李清照，只有十五六岁。

李清照的芳名从此传遍了整个京城，人人都在议论着这个诗词界第一文艺美少女。如果那时有微博，那么热搜榜上必定总是挂着"李清照又创佳作"的新闻，就跟现在的当红明星出了新专辑差不多。

十六岁的李清照，已经过了及笄之年，是个正儿八经的大姑娘了。这样的名门才女，身边自然有很多暗恋她的男孩子。照理说，古时候的女孩子，到了适婚年龄，却仍未嫁人的，是应该每天待在闺房绣楼里，等着父母给自己安排婚嫁的。可是李清照从小就习惯了自由自在，若是天天被锁在闺房当宅女，那她肯定会被憋死。还好老爸李格非很宠爱女儿，对她并未严格约束，所以李小姐照旧四处游玩，春日要去郊外踏青，夏日要漫溯藕花深处，秋日要赏水光山色，冬日正逢元宵节，便要打扮得漂漂亮亮的，去街上看那"凤箫声动，玉壶光转，一夜鱼龙舞"的盛况。

除了游山玩水，李清照最爱的就是喝酒了。自古以来，酒好像都是男性世界里的东西。君不见，边疆将士醉卧沙场，三国豪杰煮酒论英雄，落拓文人拟把疏狂图一醉。李清照这个女孩子，小时候玩男孩子才玩的游戏也就罢了，如今长大了，她还是要到男性的世界里凑个热闹，闯荡闯荡。在往后的几十年人生里，她开心了要把酒言欢，不开心了更要借酒消愁。就连那醉人的月色和春色，都被她一同饮尽了。

那时她年纪尚小，并没有什么忧愁，即便有，也是为赋新词强说愁的"愁"。年少时的借酒消愁总有些天真的矫情，有些做作的诗意，只因心中并无真正的沉痛，只有少女纯白的心事，是微醺把酒看斜阳，是醉卧花间梦正香。少女时代的酒真甜，让人沉醉不知归路。

就是爱喝酒，就是要喝酒，就是不想安安静静地当一个美少女，就是要比爷们儿更爷们儿。李小姐从来就不是深锁闺阁的乖乖女，也不是传统意义上娴静优雅的淑女。可是往往有个性的女孩子，会更招人喜欢。

有一位叫赵明诚的公子，就对李清照小姐很是欣赏。虽然并没有和她接触过，只读过李小姐写的诗词，但小赵已对这个女孩子倾慕不已了。这位赵公子的家世可不简单。他的爸爸此时在朝中担任吏部侍郎，相当于现在的副部级干部。小赵虽然是个官二代，但他并不是那种只会开豪车泡妞的纨绔子弟。相反地，小赵很有人生追求。他和李清照一样，喜欢诗词歌赋，而且还醉心于金石研究，是个有才气有前途的小伙子。书香门第的出身，还给了他贵家公子独有的翩翩风度和良好教养。

可是再优秀的男孩子，在喜欢的女孩子面前还是会自卑。"李小姐到底会不会喜欢我呢？"小赵第一千零一次问自己。

在辗转反侧了无数个夜晚后，这一天他终于鼓足勇气，决定先去李格非的府上拜访一下。或许，能偶遇李小姐呢？而李清照也到了情窦初开的年纪，虽然她平日里四处游玩，见过的公子爷也不少，收到的情书也挺多，可并没有哪一个人，真正地打动过她的心。

3

直到她遇见赵明诚。

初见他时的美好，李清照一生也未曾忘记。这是她唯一爱过的男人。当明眸皓齿的李小姐变成白发苍苍的李婆婆的时候，她也还是会常常回想起第一次见到他时的怦然心动。

或许李清照的那阕《点绛唇》，记录的就是初见赵明诚时的情状。

> 蹴罢秋千，起来慵整纤纤手。露浓花瘦，薄汗轻衣透。
>
> 见客人来，袜刬金钗溜，和羞走。倚门回首，却把青梅嗅。

晨起，又是美好的一天，李清照正在院子里荡秋千。她玩得正开心，干脆把鞋子都脱了，让小脚丫也呼吸一下新鲜空气。就在这时，她突然看见门外进来了一位丰神俊逸的公子。李小姐不禁怔住了。好帅啊，当真是陌上人如玉，公子世无双啊。内心小鹿乱撞之际，李清照突然意识到，自己玩秋千玩出了一身的汗，而且早起也没顾得上梳妆打扮，想必现在是鬓发散乱、汗透衣衫，样子实在狼狈。这下李小姐可慌了神了，怎么偏偏没化妆没洗头的时候遇到帅哥呢？我还是赶紧溜吧。

跑得太急，连鞋子也没顾上穿。这也太尴尬了。

可是就在这时，更尴尬的事情发生了。李小姐早上没有好好梳头，一支金钗就很不给面子地"哐当"一声滑落在地。李清照心中暗叫"不好"，她已经感觉到那位公子的目光投向了自己。在外人面前这样出糗，换作别的小姑娘，肯定早就羞得捂脸跑了。但李清照是有一些男孩子气的，她想算了算了，反正都已经这么失礼了，那不如再让我回头看一眼帅哥吧，不看白不看。于是她在跨进房门的那一刻，蓦然回首，并且借着嗅青梅给自己打掩护，又看了一眼帅公子。碧绿的青梅掩映着李小姐艳若桃花的面颊，虽然她头发乱乱的，鼻尖上还有一点汗珠，但这反而更给她增添了少女的天真娇憨之感。

这个绝美的定格，再一次拨动了赵明诚的心。

而李小姐回眸的一瞬间，看见这位公子红了脸，眼神还有些不自然的躲闪。她心中窃喜，难道他也喜欢我吗？嘻嘻，看来我成功撩到帅哥啦。

按照古代的标准看来，李清照并不是传统意义上端庄矜持的淑女，甚至还有些不守礼法。可赵公子偏偏就喜欢李清照这样一位非典型好姑娘。赵明诚也曾见过典型的好姑娘，她们都规规矩矩，一举一动无可挑剔，迈着淑女的步伐，挂着淑女的微笑。可是她们也好像是流水线上生产出来的木偶人，毫无个性和灵气可言。

　　然而这也并不是那些女孩子的错。

　　古代大多数名门世族的女孩子，活得都很累。按照当时的标准，大家闺秀要做到"四不"：笑不露齿，坐不露膝，站不倚门，行不摇头。就连作为装饰物的耳环，在古代都是被用作规范女子走路姿势的。左耳环叫"羞"，右耳环叫"耻"，所以耳环又被称作"羞耻"。要是一个女孩子走路姿势不端庄，左顾右盼的，那么耳环就会啪啪打脸，这是会被旁人说三道四、被家中长辈狠狠训斥的。所以她们时刻谨言慎行，生怕有不得体的举动。就连自己的人生，也要永远规矩体面，她们听从父母之命，乖巧地等待着被安排婚姻和命运。

　　她们是被钉在水晶橱窗里的蝴蝶标本，美丽却哀婉，永远没法自由自在地飞舞。

　　而李小姐小时候并没有上过什么女德班，所以从小就是放飞自我惯了的。当她看见赵公子时，又是倚门又是回首的举动，一下就犯了两个忌讳，但李大小姐根本不在意。别的女孩子可能考虑的是：这个公子会不会觉得我轻浮，会不会觉得我不够淑女？但李清照想的是：让我再多看一眼这个公子吧，说不准他还会喜欢上我呢。谁说女孩子不能主动追求爱情呢？大大方方地表达对一个男孩子的喜欢，这可一点都不掉价。

什么条条框框，去你的吧。本小姐怎么开心怎么来。

所以便回眸一笑，轻嗅青梅。

这谁抵挡得住呢？赵明诚的心怦怦乱跳。真是从未见过这么明媚生动的女孩子。他是从小被传统礼仪约束着长大的，严谨、端肃，而李小姐却是那么天真、活泼、洒脱，甚至还有些任性，这是赵明诚一直憧憬却始终不可得的。这样一个女孩子，恰好填补了他心里的空缺。而李清照，也并不是只看脸那么肤浅的。初遇时的惊鸿一瞥，只是让李清照怦然心动，但并没有让她下定决心嫁给赵明诚。真正打动李清照的，是赵公子一身的才华。他的风度翩翩，来自饱读的诗书；他的温润如玉，是因为良好的家教。

两个年轻人看对了眼，两户人家又是门当户对的，于是这门婚事就这么水到渠成了。

4

能和喜欢的人结婚，这是多少女孩子一辈子的梦想啊。是他为自己掀开红盖头，是他与自己同饮合卺酒，是他和自己共剪西窗烛。第一眼心动的人，也是陪伴一生的人，多么美好。新婚后的李清照，小日子过得很甜蜜。那段日子她笔下的词都甜掉牙了，字字句句都在秀恩爱。

卖花担上，买得一枝春欲放。泪染轻匀，犹带彤霞晓露痕。

怕郎猜道，奴面不如花面好。云鬓斜簪，徒要教郎比并看。

李清照高高兴兴地在市集上买了一枝花，立刻就想道："我相公会不会觉得我没这花好看啊。"于是李清照就把花戴在头上，准备灵魂拷问一下赵明诚，是花美还是她美。这个问题听起来幼稚又可笑，但也许很多女孩子都问过男朋友类似的问题：我好看还是你前女友好看？恋爱中的女人都是醋坛子，就连男孩子气的李清照都成了一个小作精，偏要和一朵花争风吃醋。性格再直再爷们儿的女生，一旦陷入热恋，也是又娇又嗲，还有一点点作的。

都说婚姻是这世上比数学题更难解的功课，墙外的人想进去，墙里的人想出来。但李清照和赵明诚，在这婚姻的围城里过得很是美滋滋，至少维持了长达七年的感情保鲜期。刚结婚时的小赵，还在太学读书，并不能天天回家。都说小别胜新婚，每逢初一、十五回家和小李团聚时，两个人都如胶似漆，格外甜蜜。

他们常常饭后玩点小游戏助消化。比如先倒上一杯茶，然后一个人说出某个典故，另一个人猜它出自哪本书的第几卷、第几页、第几行。每次比赛，记忆力冠军李清照总能胜出，回回秒杀赵明诚。赢得了比赛，李清照就开心。别的小媳妇都是娇羞一笑道："相公，承让了。"而李清照则是哈哈大笑道："啧啧啧，相公，你不行啊。"她笑得手中的茶水都溅出来泼了一身，正是为我们所津津乐道的"赌书消得泼茶香"。

这甜甜蜜蜜的两个人，并不是单单靠颜值和家世相互吸引的，更重要的是，他们俩意趣相投，有着共同的爱好。两个人宅在家的时候，从来都不会大眼瞪小眼，相顾无言。而是一会儿小李拉着小赵欣赏她新作的诗词，一会儿小赵和小李分享他读书的心得。两人出去玩的时候，更是经常互相指物作诗，虽然李清照在填词作对上的水平是可以吊打赵明诚的，但这也并不妨碍他俩切磋诗词文章。

小赵对自己老婆在填词作赋上的崇拜，如同滔滔江水般连绵不绝，心甘情愿地担当着李清照的头号忠实粉丝。李清照写的每首诗词，一发朋友圈，赵明诚都第一个点赞。小赵对于小李文学上的才能，那是一百个心服口服，他为此还很自豪，总是心中偷着乐，我可真幸运，娶到这样一个了不起的老婆。

当然了，你很优秀，但我也不差。赵明诚虽然喝酒喝不过李清照，写诗写不过李清照，记忆力也比不过李清照，但在研究金石方面，他是这个领域里的大佬，这让同样对此感兴趣的李清照秒变迷妹，心甘情愿地当起了赵明诚的助理，红袖添香在侧，全力支持老公的事业。

玩游戏总输的小赵，此刻在小李的眼中，却闪耀着光芒。他低着头认真钻研金石的样子，可真帅。

不过这个爱好可就有点烧钱了。研究钟鼎碑石，搜集古董字画，这是需要投入大笔银子的。每次小赵从太学回家休假的时候，都会和小李一起去相国寺市场淘一淘金石玉器。值得一提的是，虽然这两个人的父亲都在朝中身居高位，但家里并不是大富大贵。加上小赵还在上学，没有经济来源，所以两人的日子过得挺俭朴的。

可是谁叫小赵对金石研究爱得深沉呢，就算砸锅卖铁，也要把热爱的事业进行下去。李清照对此也是全力支持，不惜拿出自己心爱的衣衫首饰当掉。于是每次两人去买碑文古籍之前，都要去一趟当铺，典当几件物品换些钱。日常生活，也是能省就省。肉太贵，那就不吃了；首饰太贵，那就不买了。所以两位官二代，竟然到了"食去重肉，衣去重彩，首无明珠翡翠之饰，室无涂金刺绣之具"的地步。但这钱花得值啊，和志同道合的人做有意义的事，实在是人间乐事。这便是"意会心谋，目往神授，乐在声色狗马之上"。

精神上的共鸣，让李清照和赵明诚成了彼此的不可替代。而那些只能一起打《王者荣耀》一起吃火锅的爱情，说散也就散了。毕竟再找个游戏好友，或者一起吃饭的人，都不是什么难事。而灵魂伴侣可就太难找了。能互相契合的灵魂，是需要很多条件的，相似的原生家庭，相似的教育环境，以及重叠的朋友圈，才能让两个人产生共同语言。而小李和小赵，恰恰都是书香门第出身，从小接受了良好的教育，长大后又都在北宋的文人圈里混着，所以很是聊得来。他们会聊有人最近又作了一阕绝妙好词，会聊大相国寺又进了一批保存完好的古籍文献。

我抛出的哏你能很快就接上，我抖的包袱你也都能领会到笑点。

李清照夫妇的精神世界是相通的，他们在两个人共同构建的小世界里遨游，纵情，沉醉。一段好的爱情，从来都是两个人有共同的目标和追求，但又能在各自擅长的领域努力绽放，在彼此的眼中闪闪发光。两个人互相支持，彼此砥砺。

后来小赵读完了书，便正式进入仕途，开始挣钱了。官场形形色色的诱惑很多，可他还是坚持着初心，也仍如往常一般对待李清照。

他们还是共话诗词歌赋，一起讨论着那幅让人爱不释手却要价不菲的《牡丹图》；一起手拉着手去大相国寺中的书画古玩摊"淘宝"；他们在春深似海的日子里，一起去郊外踏青。小李仍是少女情怀，在春风里奔跑着放纸鸢；他们还在雪后初霁的日子里，一起踏雪赏梅。小李借着赏花为由温了壶酒，她一高兴又喝得有一点飘，拉着不胜酒力的小赵还要再干一杯。

她在闹，他在笑。日子就在酒香里时而微醺，时而沉醉。

两个有趣的灵魂相遇了，便能把平淡的生活过得诗情画意。岁月静好的样子，莫不如是。

5

结婚那年，李清照十七岁。即便是按照现在的标准来看，她也接近成年了，照理说也应该成熟稳重起来了。可是李清照虽然结了婚，但她从来就没有像别的古代女子一样，老老实实地当起家庭主妇。别人家的妻子都是在家相夫教子，被柴米油盐和家务活缠身，在厨房中忙得像个陀螺。而李清照呢，她还是该喝酒就喝酒，该写词就写词。唯一和婚前不同的是，赵明诚不在家时，她便不再一个人跑出去玩了。她心里有了惦念，有了牵挂。赵明诚经常因为公务出差，李清照就只好一个人在家。

外面的良辰美景，是要和赵先生一同欣赏的。先生既不在，那我也懒得出门了。

李女士的婚后生活大概是这样的。"香冷金猊，被翻红浪，起来慵自梳头。任宝奁尘满，日上帘钩。"都日上三竿了，李清照还是赖在床上。好不容易起了床，却还是懒得叠被子，懒得做家务，香都烧完了也不去添上新的。什么都不想干，就想躺着当"咸鱼"，喝酒填词倒也可以。至于做家务，实在不太想。随它去吧，反正赵先生也不会怪我的，他只要我开开心心地做自己想做的事就行。

在某种程度上，嫁为人妇的李清照，和当年那个宿醉过后揉着惺忪睡眼问侍女海棠如何的少女，并无差别。她仍然恣意、无拘，还有点小孩子的任性。

真正被爱着的女孩子，总是能自由自在地做自己。李小姐并不需要考虑"我这么做会不会让赵先生不开心？他不开心了会不会把我休弃"。她从来不用小心翼翼，不用去迎合讨好。她想大笑就大笑，想喝酒就喝酒，想犯懒就犯懒。这些对古代女子来说离经叛道的事情，李清照却随心所欲地想干就干。

如同静默旷野里的一个惊雷，漆黑夜色中的一颗明星。

在女性以柔弱含蓄为美的封建社会，李清照却活得如此潇洒。她最在意的不是世俗的眼光，更不是老公的态度，而是自己的感受。我喜欢的人，要让他知道我心意；我喜欢的事，要继续坚持做下去。我自己，就是最重要的。不得不说，李清照的这种自我意识的觉醒，是远远领先于她同时代的万千女性的。当其他人仍在沉睡之时，李小姐就已经醒了。她放着纸鸢，荡着秋千，远远地看着那些熟睡的人。

李清照心想，为什么要和她们一样呢？我就是我，不一样的烟火。

或许有人要说，是赵明诚对她的宠爱，才让李小姐恃宠而骄，恣意妄为。其实即便没有赵明诚，李清照也依然可以是李清照。她爱赵明诚，可赵明诚，从来就不是她的全部。霸气的李清照可以独自美丽，因为书香门第的出身、开明的家教，以及老爸李格非的悉心栽培，都共同塑造了李清照强烈的自我意识。

有他，那很好；没他，那也不要紧。还有酒，还有诗，还有我自己。

都说古代好女人要遵守三从四德，在家从父，出嫁从夫。但李清照既不想当爸爸的乖女儿，也不想当老公的贤惠妻子。她想做的，就是独一无二的自己。

6

其实古时候的女子之中，也有不少长得好看又有才气的。可她们的红袖，从来都是为男人添香在侧。就连她们的美丽，都不是自己的。她们柔媚入骨，是为了取悦男人；她们热烈盛开，也是为了入男人的眼。就譬如唐代四大女诗人之一的鱼玄机，她一直把全部希望都寄托在男人身上。所以当希望落空的时候，鱼玄机的心便死了。她也是有才情的，可她笔下的字字句句，都是爱而不得的心碎。"易求无价宝，难得有心郎。"她这一辈子，都在等一个对的人，既然等不到，这朵花便迅速枯萎了。

糟糕的原生家庭，沦落风尘的经历，使得这些女孩子在成长过程中形成缺爱心理，并且很难拥有独立的人格。她们总想着要靠男人来获得爱和满足感。在这个过程中，她们一直处在被动的地位，委曲求全，自己的尊严和人格也一再退让。

公子说什么，便是什么。你要娶别人，我答应。你让我做妾，我答应。你要我等你，我答应。你要弃我而去，我也答应。只为一句，你曾爱过我。只要那一点点爱，一点点好，一点点真心。

然而越是卑微，越是不会被珍惜。

那些女孩子总想着靠别人，可别人，从来就是靠不住的。于是她们被冷落，被抛弃，成了一个个美丽却哀婉的剪影，独自飘忽在暗夜里，叹息，挣扎，最终一点点破碎。

而李清照就不一样了。

她有她自己的生活，自己的爱好，自己的信仰。而男人对她来说，只是生命的一个组成部分，而绝不是唯一。当我们提起这位李小姐，会首先谈论她的传世名句，她的爱酒如命，她的爱国气节，然后顺便才想到她的老公赵明诚。而提起赵明诚，唯一想到的就是，哦，他是李清照的老公。赵明诚本人，在大多数人看来，只是历史上的一个小透明。尽管他在金石研究上也颇有成就，可在妻子李清照的盛名之下，他也只好沦为陪衬。

赵明诚一个大男人，堂堂宰相之子，却在填词作赋上被妻子全方位碾压，他有没有过不甘心呢？当然也是有的。

这一天赵明诚出差去了，李清照一个人在家。此时正逢重阳佳节，可是老公不在身边，李清照就有些落寞。窗外的天气还阴沉沉的，更加叫人心烦。李清照心情不太好，便温了壶酒喝。喝着喝着，灵感就来了，她便写下了一首《醉花阴》，寄给远游在外的赵明诚，就是想告诉他：老公啊，这大过节的你还不在，我一个人在家好冷好孤独好寂寞啊。想你想得人都瘦了一圈，你可要快快回来陪我。李清照的这首词是这么写的：

> 薄雾浓云愁永昼，瑞脑销金兽。佳节又重阳，玉枕纱厨，半夜凉初透。
>
> 东篱把酒黄昏后，有暗香盈袖。莫道不消魂，帘卷西风，人比黄花瘦。

这首词的最后一句话，可以说是千古名句了。赵明诚读后也是叹赏不已，心说：我老婆怎么这么有才啊。同时他又有些不服气，心想：作为她老公，我一定要写一首更好的词。于是赵明诚闭门谢客，苦思冥想了三天三夜，一下填了五十首词，把李清照的这阕词也糅杂其中，写完后沾沾自喜地问他朋友写得怎么样。他朋友反复吟咏后说："老哥啊，这里面有三句真是绝了。"赵明诚满脸期待地问："哪三句啊？"朋友说："莫道不消魂，帘卷西风，人比黄花瘦。"

得，辛辛苦苦填了几十首词，结果自己费尽心思想出来的那么多句子，还是比不上老婆的一句。赵明诚这下彻彻底底地服了。我老婆就是诗词界第一才女，不接受反驳。

这一段是传闻逸事，并不是史书官方记载，自然会有夸张的成分。但这也说明了李清照在这段婚姻里是和丈夫势均力敌的，而她在才情上更胜一筹，让她在这段关系里甚至拥有了主动权。婚姻里的平等和自由使得李清照始终是李清照，而不是赵夫人、赵家媳妇。

李清照就是李清照，四海列国，千秋万代，只有这么一个。

7

然而这对夫妻，纵然有神仙爱情，也到底是凡尘中人，他们也会身不由己地被时局所左右。

新旧党争是从宋神宗年间开始的。围绕着王安石变法，新派势力和守旧大臣争执不休。这场没有硝烟的战争，一直延续到了宋徽宗时期。而李清照的父亲李格非，便被卷入了这场纷争之中。老李被列为不受宋徽宗待见的元祐党人，遭到罢官，眼看形势无可挽回，老李便带着家眷回老家去了。而赵明诚的父亲，反而被提拔重用，一路高升至宰相。宋徽宗崇宁二年（1103），正当李清照为父亲的事急得焦头烂额四处寻求帮助时，朝廷又发布了一条禁令：宗室不得与元祐奸党子孙为婚姻。

也就是说，小赵和小李的幸福生活，就要结束了。真是屋漏偏逢连夜雨，父亲被罢官，又和丈夫分离，李清照感觉近乎窒息。她不得不一个人回到原籍，投奔先行回老家的爸爸。这对夫妇，正式开始了聚少离多的分居生活。

作为一个三月中旬出生的双鱼座，李清照有着双鱼女典型的细腻敏感。赵明诚不在身边，独守空房的李清照免不了会多愁善感。什么景物入了她的眼，都要伤感一番。唉，秋天来了，荷花都开败了，我这朵花，没有爱情的滋润，也要开败了。会不会还没见到老公，我就要容颜不再了？落花逐水而去，是不是暗示着我的青春也如水逝去，再也不回来？大雁都南归了，我什么时候能回到老公身边呢？我还是别想他了，就算想了也见不到。可是这相思之情，怎么刚刚下了眉头，却又缠绕上了心头？唉，我太难了。

还是喝点小酒写点小词吧，或许能让我暂遣愁情。

红藕香残玉簟秋。轻解罗裳，独上兰舟。云中谁寄锦书来，雁字回时，月满西楼。

花自飘零水自流。一种相思，两处闲愁。此情无计可消除，才下眉头，却上心头。

李清照在杯中倒满了酒。这杯酒锁住了月满西楼时如水的夜色，映入了征鸿过尽后碧蓝的苍旻。明明只喝了几小杯，我怎么就已经醉了？不过醉了也好，醉了就不想他了。只是清醒之后，还是会受相思之苦。唉，异地恋也太难了。还好夫妻伉俪情深，远距离恋爱也并没有将感情冲淡。

终于等到了相聚。三年之后，也就是崇宁五年（1106），奸相蔡京被罢免，天下大赦，被判罪的元祐党人也被赦免。真是喜上眉梢的日子，简直要开几坛好酒庆祝一番。李清照回到汴梁，久别重逢的夫妻俩相拥而泣。终于守得云开见月明，那些坏日子，终于都过去了。

然而天晴了还没多久，一场风雨就又来了。宋徽宗大观元年（1107），蔡京又被恢复宰相的职位，而赵明诚的父亲赵挺之，则不幸被罢免。朝堂之上的风云真是变幻莫测，前一刻还风光无限的人，下一秒就要锒铛入狱。赵挺之受了打击，一病不起，没几天就去世了。赵明诚还来不及悲痛，就也丢了官职，赵氏一家都被驱逐出京。

不得已，赵明诚和李清照只好屏居青州，这是一段类似于隐居的日子，也是两个人难得的相聚时光。此时的李清照正是盛年，可她的心经过那么多起起落落之后，已是有些佛系了。她将住的地方取名为"归来堂"，自号"易安居士"。

归去来兮，田园将芜胡不归？既然官场如此险恶，每走一步都如履薄冰，那便远离京城，归隐于此吧。倚南窗以寄傲，审容膝之易安。做一对神仙眷侣，倒也逍遥自在。李清照夫妇便在青州继续做起了他们的金石研究。他们将节衣缩食搜集来的古籍文物都存放在归来堂中，一起研究金石器物上所铸刻的文字，校正错讹，品定褒贬，最后将研究成果编纂成册，便是大名鼎鼎的《金石录》了。

8

政和七年（1117），赵明诚离家做官。两人又开始了分居。离开那天，李清照送别赵明诚，送了一程又一程。可是送君千里，终须一别。李清照隐隐觉得，丈夫此去，又会有变故发生。何来此感？大概是女人的第六感。无论怎样的神仙爱情，恐怕都逃不过七年之痒。在一起这么多年，李清照一直没有怀上孩子，赵明诚总是为之叹息不已。而且李清照人到中年，已不再是当年明媚娇艳的少女，多番变故让她更添憔悴。再加上两个人聚少离多，再深厚的感情，也不免会被距离和时间冲淡。

再相见时，李清照明显感觉到了老公对自己的冷淡。饶是李清照这样的奇女子，也逃不过中年危机。赵明诚看向她的目光，不再像从前那般温柔了。他变得话很少，总喜欢一个人待在书房，研究他的金石宝贝。从前那些共话诗词歌赋、共剪西窗红烛的日子，再也不会回来了。

李清照又是个倔脾气，既然你冷暴力，那我也不会低头求和。日子就这么不咸不淡地过着。而夫妻关系的真正破裂，是因为赵明诚做了一件很荒唐的事情，让李清照彻底失望。

1127 年，金人南下攻陷北宋首都东京，宋徽宗、宋钦宗一对皇帝父子被掳去北方，史称"靖康之变"，北宋的大好河山轰然倾覆。

1128 年，也就是建炎二年，赵明诚当上了江宁知府（也作"太守"）。说来赵明诚也倒霉，知府的宝座还没坐热，就碰上了御营统治官王亦叛乱。当时这事被他的下属察觉了，并做了汇报。照理说提前知道消息，赵明诚只要上一点心准备一下，平定这个叛乱并不是难事。

可是赵明诚偏不，这个紧急关头，他满脑子想的，仍然是他的古董宝贝。于是他跟这下属说："等我研究完手上的这批青铜器再说，你先退下吧，别来打扰我。"然后也没有给出任何应对措施。

当天晚上，王亦果然造反。好在赵明诚的下属够靠谱，私下早有准备，所以轻轻松松就击败了叛军。虽然这位下属早就不指望赵明诚这个挂牌知府了，但是领赏还是要向他领的。于是在天亮时下属就高高兴兴地去向赵明诚报告胜利，却怎么都找不见人。四处搜查一番后，发现城墙上挂着一条绳子。原来赵明诚一看王亦真的叛乱了，立马就慌了，竟然弃城而逃。

赵明诚只想安安静静地当一个研究金石的美男子，一遇上要平定叛乱带兵打仗这种事，他就怂了。他也不懂在其位就要谋其政，所以毫无责任担当。赵明诚这一跑，不仅又被罢官免职，而且还被他一身正气的老婆李清照深深鄙视了。

夫妻关系降到了冰点。

赵明诚弃城而逃，这知府是铁定当不成了。再加上局势越来越动荡，这一年李清照夫妇决定向江西逃亡。途经乌江时，两人驻足江边，气氛一度陷入尴尬。

李清照想起了乌江之畔自刎谢罪的项羽，又想起丈夫弃城逃跑的窝囊行为，越想越气，于是她即兴写下"生当作人杰，死亦为鬼雄。至今思项羽，不肯过江东"的千古绝句。短短二十个字，字字掷地有声，每一个字都把赵明诚这颗软柿子打得更蔫了。此刻的李清照，早已不再是当年那个稀里糊涂误闯藕花深处的小酒鬼了，而是一个清醒而昂然的女斗士，横眉冷对千夫指，批评起自己老公来也绝不留情。

这首诗不仅是在说临阵脱逃的赵明诚，也在讽刺不战而退懦弱无能的南宋朝廷。李清照又郁闷又愤慨，心想：怎么南宋朝廷和我老公都是一个熊样儿啊。

柔柔弱弱的女子，在暖阳里是荡漾的春水，但遇上寒冬便可变成坚冰，斧钺不可摧。

既然不能上战场杀敌，李清照便以笔为刀剑，以纸为沙场，挥洒笔墨间，尽是巾帼不让须眉的豪迈之气。相比之下，赵明诚的表现就显得很不爷们儿了。岁月静好的时候，他的懦弱和自私都被隐藏得很好。然而一遇危机，真实的人性就暴露了。

真是懦夫一个。李清照的白眼都翻上了天。

李清照是主战派，当金人大举进扰中原领土，南宋朝廷却苟且偷安，李清照于愤慨之中挥毫写下"南来尚怯吴江冷，北狩应悲易水寒"。"北狩"暗指徽宗、钦宗两位皇帝被抓到北方当俘虏，但大臣们为了保住点皇家颜面，就委婉地说我们的皇帝是北上狩猎打兔子去了。李清照这两句诗是在讽刺朝廷中没有抗击金兵的可用之才，一群文臣武将一到关键时刻全都当起了缩头乌龟。李清照最佩服花木兰，直言"木兰横戈好女子"，恨不得也能女扮男装上战场杀敌。奈何自己一把年纪了，又人比黄花瘦，心有余而力不足，还是指望着朝廷中能来个靠谱的人早日收复中原吧。

李清照不仅自己主战抗敌，也希望自己的老公妇唱夫随，拿出点男儿血性、英雄气概。但懦弱的赵明诚一再让她失望，此时李清照心里想的都是：我怎么就嫁了这么个胆小鬼啊，对内不能平定叛乱，对外不能抗击金兵，老赵啊，你太让我失望了。

与此同时，赵明诚心里也憋屈得很，我只是一介肩不能挑、手不能提的文弱书生，你一会儿指望我成为像项羽那样力拔山兮气盖世的千古豪杰，一会儿指望我拿起武器保家卫国，为夫做不到啊。

李清照的心很大，里面盛着大宋的山川湖海；赵明诚的心却很小，只够住他自己。对赵明诚来说，好死不如赖活。他觉得能在乱世之中活下去就行了，哪怕是苟活。什么尊严、气节、责任，在他这里都不重要。

此事过后夫妻之间的嫌隙越来越大，赵明诚终日郁郁寡欢，一直这么憋屈着，到底是憋出了毛病。建炎三年（1129），他突发急病，撇下李清照撒手人寰了。

昔人已乘黄鹤去，此地空余黄鹤楼。

9

好像古代的女性，比不少男性更有气节。

后蜀君主孟昶虽然有励精图治的心，能力却不足以管理好一个国家，加上赵匡胤的军队以实力碾压后蜀，兵临城下之时，孟昶不得不屈辱投降，他的妃嫔也都被宋军俘获。

赵匡胤早就听说孟昶的宠妃花蕊夫人不仅有倾城之姿，还极擅诗赋，便召见她入殿作诗一首。他本以为久居深宫的女子只会吟风弄月，没想到这花蕊夫人是个胸中有家国的烈性女子，张口便将后蜀不战而退的君臣吐槽了一番："君王城上竖降旗，妾在深宫那得知？十四万人齐解甲，更无一个是男儿。"

皇上啊，你怎么仗打都不打就投降了呢？还有你这十四万士兵，一个个的是男人吗？你们好意思吗？

愤慨之情一如李清照在乌江边上的千古长啸。

一代名妓柳如是亦然。崇祯十七年（1644）初，李自成的大军逼近京城，大明军队节节败退。在这国难当头之际，柳如是急得嘴角都快起泡了，天天和担任礼部侍郎的丈夫钱谦益商讨救国之策。三个月后，李自成的军队还是攻陷了京城，崇祯皇帝不得已自缢而亡。当时的许多忠君爱国的臣子都追随崇祯帝而去。柳如是心灰意冷，想着家国都没了，我这蒲柳之质何必苟活于世？

于是有一日两人泛舟散心的时候，柳如是劝钱谦益："夫君啊，一朝天子一朝臣，李自成肯定会为难你这个前朝的礼部侍郎。就算他不找你麻烦，忠心不事二主，咱俩干脆随皇上去了吧。"看着妻子一个弱女子都这么有气节，钱谦益的老脸有些挂不住。他犹豫着用手试探了一下湖水。妈呀，冰冰凉。

他心虚地对柳如是说："今晚这水太冷了，要不咱们改日再来？"

真是丢人丢到了家。柳如是气得要昏过去了，行，你不跳，我跳。说完"扑通"一声跳进湖中。

而李清照是比花蕊夫人和柳如是更坚强勇敢的女子。以身殉国固然英勇，但在绝境之下活下去，并且活得有意义，是更加需要勇气的。

那时李清照失去了曾经深爱的丈夫，心里能不难过吗？即便是潇洒小姐李清照，恐怕也常常在梦里哭醒吧。如今再没有人给她轻轻擦去眼泪了，所以哭完之后，李清照就自己安慰自己，有啥过不去的，喝一壶酒就好了，如果不够，那就再来一壶。

况且那时的李清照，没有那么多时间伤心，她有更重要的事情要做，也就是保护好和丈夫用大半辈子搜集来的两千多卷金石拓本和两万多册古籍书卷。

10

李清照这时候已经五十多岁了，在战乱中一个人又要躲避追兵，又要提防想偷她文物的不法之徒，还要保护好一马车古董和书籍在路途颠簸中不受损坏，已经够不容易了。但这时候，居然有谣言说赵明诚在去世前把一件珍贵的文物献给了金国。这可把李清照气坏了。为了洗刷丈夫的冤屈，她便想着：要不我就忍痛割爱，把这些古董一起献给皇上，看谁还敢乱传谣言。

但宋高宗赵构这时候也忙着逃跑呢。于是李清照追随着皇上逃亡的路线，一会儿走海路，一会儿走陆路，历尽了艰辛。毕竟她发誓要用生命来保住这些金石宝贝，想到去世了的老赵，李清照又有些鼻酸：你已经去了，我们毕生的心血，我总要为你保住。

即便和赵明诚没有熬过七年之痒，这也是她一生唯一爱过的男人。她时常想起和他"赌书消得泼茶香"的日子。那时两个人兜里都没什么钱，却还在畅想着有朝一日发了财，一定要买回那幅《牡丹图》。二十万文，也太贵了吧。要攒多久的钱呢？李清照下定决心："从今天起，我们家不吃肉了。"赵明诚苦着脸："老婆，我从太学回家的时候总要开开荤吧，我们下馆子去吧。"两个人笑闹作一团。

当时只道是寻常。只是那幅《牡丹图》，还是没能买回来，真是遗憾啊。

年过五十的李清照，想着过往的岁月，一个人驾着马车，拉着一车文物奔走在苍茫大地上。她佝偻瘦小的身影在夕阳里越发清晰。

我隔着蒙尘的时光，逐渐看清她已经老去的容颜，那上面每一条细细的皱纹，都在诉说着她这不平凡的一生。她的眼睛，依然透着桀骜，依然有着年轻时又美又飒的神采。不知道她会不会在这条颠沛流离的路上想起她少女时代，那一天也是这样的日暮时分，她兴尽晚回舟，在藕花深处，沉醉不知归路。

她一定很怀念当年的岁月吧。

李清照又在喝酒了。她好像总有喝不完的酒，剪不断的愁。大概是因为，她这辈子经历了太多磨难吧。

可是她的生命，并没有因此而变得沉重。在大多数人心里，李清照一直都是那个闲来无事赏赏花、喝喝酒、写写词的婉约女子。她始终在自己所热爱的诗词歌赋里徜徉，在花香和酒香中沉醉。她永远是那么轻盈，那么自由，衣裙飘飘地伫立在一叶小舟上，和当年那个漫溯藕花深处的少女，并无区别。

她倚门回首嗅青梅的样子，那一年定格在了赵明诚的眼里；而她轻解罗裳，独上兰舟的样子，则是永远地定格在了历史的画卷中。

我漫穿无边的时光，拂去岁月层层的蝉蜕，终于得见李清照小姐慵懒地卧在美人榻上，一手扶额，一手握着酒壶，对我缓缓开口道——

姐们儿，喝酒吗？

李 香 君

（ 1 6 2 4 — 1 6 5 3 / 明 朝 ）

秦淮女团C位出道

李香君

1

入夜时分，秦淮河畔凤箫声动，玉壶光转，车如流水马如龙。媚香楼的一间小房里，有个女孩子正在练习弹琵琶，她一脸不服输的模样，看样子是准备跟自己死磕到底了。

这是李香君今天第一百零一次练习弹奏《琵琶记》了。坐了一整天，屁股就跟黏附在了凳子上似的。白白嫩嫩的手指早就被磨出了水疱，抱着琵琶的手臂也是又酸又麻。但李香君还是咬咬牙，继续练习。

这一段若是再弹不熟，今晚我就不吃饭了。

年仅十岁的小香君暗暗发誓，自己今后一定要成为大明娱乐圈中的一线小花。即便自己现在还是个十八线开外无人问津的小透明，只要足够拼，足够努力，便定能逆风翻盘，向阳而生。

这一遍终于没有出错，小香君这才放下她的宝贝琵琶。结束了一天的练习，夜深人静之时，小香君才有工夫去回忆年幼时无忧无虑的日子。

1624 年，小香君出生在苏州。那时候他们一家人还住着大房子，每天都其乐融融地团聚在一起。那时小香君还不姓李，而是姓吴。吴家也不是在秦淮河畔，而是在苏州阊门一座气派的宅院里。雪白的琼花掩映着朱红的大门，院中传来了小香君和两个哥哥玩闹的阵阵笑声。吴府的一家之主，也就是香君的爸爸，老吴，在朝为武官。虽然整天忙于公务，却总会匀出时间陪伴小香君。

此时明朝正值两党相争之际，以魏忠贤为首的阉党，以及以家国为己任的东林党，誓要斗个你死我活。香君的爸爸老吴是个有远大抱负的同志，积极投入了东林党人的活动。然而随着大明的半壁江山逐渐落入了阉党魏忠贤的手中，与之抗衡的东林党人失势便成了定局。香君的爸爸，作为东林党成员，自然受到了牵连。吴家从此风光不再，一家人被迫开始了颠沛流离的生活。

那些幸福的日子，再也不会回来了。

小香君永远不会忘记抄家那天，全家人都被官兵粗暴地赶出了吴府，小香君惊慌失措地躲在老爸身后，紧紧地抱着自己心爱的布娃娃。她不明白为什么一家人突然被一群凶巴巴的官兵赶出了家门，也不明白为什么自己不能带走满屋子的珠钗和衣裙。她眼泪汪汪地问爸爸发生了啥，可爸爸没有回答她，只是一个劲地叹气。

老吴拖着一大家子人，四处寻找安身之地。钱包越来越瘪了，而老吴又是戴罪之身，压根就找不到工作。没了经济来源，又有好几张嘴等着吃饭，这可咋办呢？总不能眼睁睁看着孩子们活活饿死吧？老吴一家就这么狼狈地辗转来到南京。

老吴看着饿得面黄肌瘦的小香君，心疼得不行。但他自知无力将女儿养大，便心一横，将小香君卖给了一位叫作李贞丽的秦淮歌女，从此小香君便跟着她改姓李。

在古代，当贫苦人家实在养不起孩子了，便会忍痛将儿女卖给青楼或戏班子，虽然是下下策，但好歹能有口饱饭吃。日后这孩子若是有天资又够努力，能够成为青楼中的花魁或梨园的名角，便也算是有了个好出路。

买下了小香君的歌女李贞丽，是在秦淮河畔的青楼里摸爬滚打长大的，如今也算是熬出了头，成了这个圈子里有头有脸的人物。能在美女才女众多的秦淮河畔占有一席之地，李贞丽的实力自不必说。值得一提的是，她为人十分豪爽仗义。侯方域为李香君写的《李姬传》中，还专门提到其养母李贞丽"有侠气，尝一夜博，输千金立尽"。就是说这姐们儿曾经和人赌博，一晚上就输光了千金。如此豪放的做派，颇有几分女侠行走江湖的气概。

随着年岁渐长，李贞丽便从艺人转行成了经纪人，在秦淮河畔经营着一家媚香楼。她手底下带出来的女孩子，个个拔尖。而数年后的李香君，便成了她捧红的最为出色的女艺人。

而此刻媚香楼前，老吴眼泪哗哗地流，他在和香君做着最后的告别："可怜我的宝贝女儿，是老爸对不起你啊。好歹你在这儿能有口饭吃，不用再跟着老爸饿肚子了。"说完头也不回地走了。

离别来得太突然，小香君看着掩面而去的老爸，满脑子问号：爸爸这是要干吗？为啥把我一个人丢在这儿？等缓过神来，她才意识到，爸爸这是不要她了。眼泪瞬间夺眶而出，可怜的小香君一个人在那儿哭得撕心裂肺，泪眼朦胧中，老爸的身影逐渐消失在繁忙的街道尽头，满楼红袖招的调笑声逐渐淹没了小香君的哭泣声。

2

歌女李贞丽看着眼前哭成泪人的小香君，不禁想起了当年被卖到花船上的自己，心中有些不忍。她将这个小姑娘搂入怀里。可李贞丽也很明白，落入风尘当歌伎的女孩子，哪一个不是有着凄惨的身世呢？若是每个都要她李贞丽同情，那她的两只手还真是搂不过来了。自己又不是圣母，媚香楼也不是福利院，来了这里的女孩子，就得从小卖艺挣钱，换得在媚香楼的一口饭吃、一张床睡。

从此，小香君便不再有家了。她将寄浮萍之身于这秦淮河畔，或许身旁的李贞丽，将是她唯一的依靠。

虽然李香君饿了好些日子，面如菜色，整个人瘦瘦小小的，但李贞丽还是一眼看出了这个小姑娘是个美人坯子，可谓"粗服乱头，不掩国色"，若是好好栽培包装一番，定能在秦淮娱乐圈C位出道。于是李贞丽便成为李香君的养母兼经纪人。

刚被李贞丽收养时，李香君只有八岁，本应是无忧无虑的年纪。只是现在她再也不能在爸爸面前撒娇了，也不能和哥哥们玩闹了。如今的她，孤立无援，如同一叶小舟，孤零零地漂浮在滔天巨浪之中。养母李贞丽虽然是个暂时的依靠，可她们之间到底不是纯粹的母女之情。小香君心里很清楚，自己日后要是赚不了钱，就得从这儿滚蛋，媚香楼从不养闲人。

作为一个高门大户出来的女孩子，小香君的心气极高，她不甘心当一个普普通通的小歌伎。她高贵的出身、过人的资质，都不允许她庸碌一生。即便生活给了她一次次重击，但小香君绝不服输。虽然拿着一手烂牌，但她偏要赢得精彩。这夜，秦淮河畔的月色清冷如水，浸得李香君彻骨冰凉。她心里暗暗发誓，即便是流落烟花地，也得混出个名堂来。谁都指望不上，能救她脱离险境的人，只有她自己。

那些没杀死我的，都将使我变得更强大。

秦淮河畔自古就是声色犬马之地。不过，这儿的女子也并不全是我们想象中那种从事皮肉交易的妓女。风尘女子也分三六九等，单纯地出卖肉体是最末一流，俗称窑姐儿，卖身不卖艺。还有很多女孩，凭着出色的容颜和才华，是卖艺不卖身的，她们就是古代的青楼女子，或者说，是歌舞女艺人。若是混得好的，不仅会有一堆粉丝追捧，生活也要比普通家庭的女孩子好得多。

每年青楼都会举办花魁大赛，评选出综合素质最高的女孩子，成为门面担当，隆重程度不亚于现在全民追捧的选秀节目。要想成为花魁，颜值高是最基本的，关键还得有内涵，要么腹有诗书，要么身怀绝技。一个青楼女子在成为花魁后，生活品质也会上一个台阶。有专门的小楼或画舫住着，名贵的绫罗绸缎穿着，还有伺候在侧的丫鬟跟班，表面看上去就跟富家大小姐没什么两样。

青楼属于高端的文化娱乐场所，所以青楼女子就类似于交际花，只和社会上层人士打交道。青楼可不是普通人想逛就能逛的，来访者至少具备两个要素：第一，得有钱；第二，得有文化。银子是用来买礼物给赏钱的，不过这钱花出去也不一定能见到小姐，还得过第二关，文化素养测试。一般青楼的第一层是回廊，墙上挂着典雅的字画，来访者用笔墨在墙上题诗，只有文采好的，才有资格见到住在楼上的小姐。所以说，平民阶层是逛不起青楼的。有钱有闲的文人，是青楼的主要客源。很多文人墨客借着和青楼女子往来形成社团，他们在其中谈诗论赋、商讨政事。

3

古代娱乐圈和现在不同的是，那时候的歌伎、艺人、戏子，就算再受人们追捧，也没有什么社会地位。但和现在一样的是，古代娱乐圈的竞争也十分激烈。南京自古出美女，秦淮河畔从来就不缺美丽的女孩子。李香君虽然好看，却并不是那种倾倒众生的惊艳型美女，想要光靠脸吃饭，还是差了一点意思。

养母李贞丽有意栽培香君，她隐隐觉得这个小姑娘是成为花魁的好料子，因此下了血本请人教李香君琴棋书画、四书五经。毕竟有了一技之长傍身，才能在娱乐圈混得更加如鱼得水。

事实证明，李贞丽没有看错人。李香君很争气，她天资聪颖，又勤奋好学，秉承着"努力努力再努力"的人生信条，勤勤恳恳地学诗学画学琵琶。十三岁时的李香君，养出了一身书卷气，还弹得一手好琵琶。她那端丽优雅的身影，得体大方的言谈，让人恍然间忘却了自己身在风月场，而是漫步在某个大户人家的后花园里，邂逅了这户人家养在深闺、知书达理的大小姐。

出道了没两年，李香君就成了花魁。十五岁的她，出尽了秦淮河畔的风头。

香君长得比较娇小，走的是甜美温婉的路线，艺名唤作"香扇坠"。不过她虽然外表看着是个甜心，内心却是个妥妥的御姐。毕竟出来混了这么久，世间的酸甜苦辣，李香君已经尝了个遍，如果还是一颗玻璃心，那还不早就碎成渣了。

若是不坚强，脆弱给谁看呢。

生活的毒打，让李香君的一颗小心脏历经了千锤百炼。她看着柔柔弱弱的，实际上却是个冰山美人。每每弹奏完一曲琵琶，她便静静坐在一旁，不言不笑。本是冰清玉洁的白鹤，一朝落入笼中，却也时刻不忘爱惜羽毛。来访的客人都说，李小姐不同于秦淮河畔其他娇媚的风月佳人，她好似一株深谷幽兰，只可远观，不可亵玩。

那些不入流的客人，就算砸再多银子，也见不到李小姐一面。然而还是有那么多人闻香而来，一掷千金，想要见上一面"香扇坠"小姐。整个南京城都在传，今年的花魁出尘脱俗，她怀抱琵琶半遮面的样子，简直叫人心醉。

浮生长恨欢娱少，肯爱千金轻一笑。

作为花魁，李香君接待的都是醉月飞觞的文人雅士，或是身份贵重的客官。浪荡粗俗之人，是没有资格见到李小姐的。李香君一直守身如玉，她与那些客官从来都无肌肤之亲，只是弹琴品茗、吟诗作对。

李香君的座右铭就是：我身在风尘，却心如明镜。

可能有人会觉得，古代的男人真傻，花那么多钱，到头来只能和花魁唠唠嗑，连她的一根青葱玉指都碰不到，不亏吗？特别是那些文人雅士，什么柳永、周邦彦，没事就喜欢往青楼里钻，辛辛苦苦挣的银子全砸在青楼女子身上了。杜牧甚至在诗中直言："十年一觉扬州梦，赢得青楼薄幸名。"杜大才子在扬州的十年都泡在秦楼楚馆里了，而且这儿还成了他写诗灵感的发源地。

实际上，那些高层次的青楼女子大多卖艺不卖身，所以这帮男人在她们身上是寻不到床笫之欢的。只不过是和那些女子喝喝酒，听她们弹弹琴，衔觞赋诗，聊天品茗。其实很多文人雅士到青楼里还真不一定是释放欲望的，他们只是想找个红颜知己说说话，寄托一下自己浪漫的情怀。

4

在"女子无才便是德"的伦理教育下，古代大部分女子都是大字不识几个，更不用说吟诗作对了。即便是书香门第出身的女孩子，也只能读一读《女则》《论语》这种规范自身言行的书。她们学谨言慎行，学三从四德，学相夫教子，却从未学过如何散发女性魅力，如何表达自己的情意。再者说来，正经人家的小姐们是不可以抛头露面的，所以在结婚前，根本没可能和未来的丈夫谈情说爱。

她们直接从深锁的绣楼里，稀里糊涂地被送到新婚的洞房里。

至于和那个男人相识相知相恋的过程，通通可以省略。

所以说，普通人是没有机会谈恋爱的。古代女子的任务就是传宗接代，说难听点就是生孩子的工具人。这对女性来说不公平，对男性来说也不公平。古代男人想要谈一场浪漫的恋爱，简直比登天还难。娶来的女孩子，在掀开红盖头那一刻，有可能才是他俩见的第一面。若是之后能日久生情，倒也算幸运。若是不幸娶了个自己不喜欢的女孩子，那就自认倒霉吧。

而我们所熟知的那些轰轰烈烈的爱情，大多发生在青楼女子与文人雅士之间。这是因为他们有机会进行长时间的交往和磨合，能够正儿八经地谈一场甜甜的恋爱。

再者说来，古代良家女子虽端庄贤淑，却大多不解风情，亦不懂吟风弄月，她们只知传宗接代、侍奉长辈，却毫无情趣可言。但青楼之中培养出了许多美丽的才女。历史上赫赫有名的才女，如苏小小、李师师、柳如是，都是一代名妓。

虽说堕入风尘并不是什么好事，这些女孩子中很多也是身不由己才成为青楼女子的，但不得不承认，青楼中宽松而独特的文化环境，让这些女孩子能够有机会学习很多普通女孩一辈子都不会接触到的风雅之物，如诗词歌赋、弹琴作画。

从某种意义上来说，青楼是孕育美女才女的摇篮。尽管这种畸形的美丽背后，是女性被当作商品加工出售的残忍，但不得不说，这里的确诞生了很多合乎男人心意的风月俏佳人。她们会弹琴，会作诗，不仅可以红袖添香在侧，还可以闻弦歌而知雅意，成为纾解男人们心怀的解语花。狎妓文化应运而生，而秦楼楚馆，便也成了文人雅士之间心照不宣的宝藏胜地。

所以说，很多才子雅士慕名来到媚香楼，只是想见上李香君一面，和这位美女兼才女聊聊天。

侯方域也是万千闻香而来的男人中的一个。

遇见侯公子这一年，李香君未及十六。

5

这位侯公子是个官二代，他的老爸叫侯恂，在朝中担任户部尚书。老爸很牛，儿子也不赖。侯方域并不是个只会拼爹、不学无术的纨绔子弟，而是个饱读诗书的大才子。他不仅聪明好学，思想觉悟还很高，参加了著名文学家张溥等人创办的复社，和陈贞慧、冒襄、方以智同称四公子，可谓风流天下闻。

复社是明末的进步社团，虽然名义上是个鼓励文人们切磋学问的文学社，实际上却带有浓厚的政治色彩。这帮进步青年以东林党后继为己任，反对奸臣宦官当道。说白了，他们就是以笔伐春秋的方式，暗暗地和以魏忠贤为首的阉党对着干。

侯方域加入复社，是深受他爷爷和老爸的影响。从侯方域的爷爷起，就看魏忠贤不顺眼了，反阉党的思想从此被当作传家宝一样代代相传。

在官场上混，难免被算计。崇祯九年（1636），侯恂因得罪首辅温体仁而下狱。侯方域没了老爸撑腰，也翻不出多大的风浪，只能和其他复社成员在秦淮河岸瞎扑腾。

崇祯十二年（1639）的某个夜晚，月色皎洁如霜雪。也不知有多少佳人的脂粉融入了秦淮的流水之中，才让这如雪月色下的河面仍透着一丝妩媚。

夜泊秦淮的侯公子，与朋友们喝得有些醉了。侯公子常常与朋友聚在这里谈词论赋、狎妓玩乐。政治抱负不得施展的文人们，便将青楼当作一时的寄托，怀抱软玉温香的佳人才女，饮酒买醉以浇胸中块垒。

此时媚香楼传来阵阵悦耳的琵琶声和女子的歌声，想必是李香君又在演唱了。整个南京城，还有谁有如此甜润的嗓音？又有谁能唱全汤显祖的四本"玉茗堂"？侯方域不禁心旌荡漾，他早就想知道，那栋绣楼里，到底深锁着怎样旖旎的春色。

然而花魁可不是想见就能见的，首先得准备一大笔银子作为见面礼。侯方域此时手头并不宽裕，毕竟他老爸下了台，家境已不比从前。但李小姐的歌声时时缠绕在侯公子的心头，把他惹得都忘记了自己家中还有个发妻，也忘记了自己兜里的钱并不充裕。这天晚上，侯方域拿出了自己小金库里的全部银子，敲开了李香君闺阁的大门。

他当时并不曾想到，自己也敲开了这个冷美人的心门。

本来这大晚上的，李香君练完琵琶，准备早早卸妆睡个美容觉了，但养母李贞丽突然推门进来，说大名鼎鼎的四公子之一侯方域马上要来拜访。李香君早就听说四公子个个风流倜傥、才华横溢，便心想：我倒要见识一下，传说中的大才子到底是不是名副其实。她补了个妆，准备见一见这位侯公子。

绰约的灯影里，晚妆初了的李小姐明艳动人，侯方域看得不由得呆住了。而此时李香君也在细细打量眼前的侯公子。出道这么久，李小姐也算是阅人无数了。那么多的寻欢客来来去去，都是雁过无痕，从未在她心里泛起过什么波澜。可是侯方域的出现，让她的心里第一次有了小鹿乱撞的感觉。

两个人就这么来电了。

这一年，李香君十五岁，侯方域二十一岁。

李香君很清楚的是，当艺人这条路是走不了多远的。虽然现在是"五陵年少争缠头，一曲红绡不知数"，但要不了几年，等年华逝去之时，便只能落得"门前冷落鞍马稀"。

古代的青楼女子，如果赚够了钱，是可以和青楼解除合约并且退出娱乐圈的。像李香君这样的当红女明星，即使是上交了一部分银子给青楼，这些年来自己攒下的私房钱，也绝对不是个小数目。所以说，她们压根就不差钱，并不需要找一个固定的金主给自己提供经济上的支持。如果她们遇上了情投意合又人品端正的男人，甚至都用不着这男人出钱，她们自己就愿意拿出私房钱当嫁妆。

只是对李香君来说，要在诸多的恩客中挑选值得托付终身的人，实在是有一点困难。毕竟来秦淮河畔的男人，大多是风流之客。而那些老实巴交的普通男人，李小姐又看不上。

作为花魁，李香君这些年赚的钱已经足够替自己赎身了。但她还是在等着命中注定的有缘人，带她远离这风尘之地。

6

侯方域其实早已娶妻。十六岁那年，他在祖父的安排下娶了常氏。父母之命，媒妁之言，也没人管他们喜不喜欢彼此，就把这两人送入洞房了。侯方域后来专门为李香君写过一本《李姬传》，却从未有只言片语谈及他明媒正娶的妻子。所以人们也自动忽略了他在遇到李小姐之前就已经有了个老婆的事实。

我们都爱看别人轰轰烈烈的爱情，却不会在意它是否有悖道德。婚外情仍然可以被说成是追求真爱，毕竟所有这些，都是别人的故事。而且久远的时间还为它加上了一层美好的滤镜。而我们隔岸观火，竟然觉得对岸的混乱有一种惊人的瑰丽，只因为我们不在火中。我们置身事外，将这段感情无限地诗化了。再加上李香君独特的人格魅力，甚至让它成为一段传奇。

人人都道，这是一段属于才子佳人的风花雪月，是多么浪漫、唯美，令世人为之艳羡、为之慨叹。

冰山美人李小姐在侯方域温柔的目光里，融化成一汪春水。她见过那么多的男人，却从未有过这样怦然心动的感觉。李香君取出了自己的琵琶，轻声细语道："侯公子，让小女子为你弹奏一曲吧。"

听李小姐一曲唱罢，侯方域的骨头都酥了。再聊下去，侯方域便说起了他的老爸是怎么因为跟魏忠贤对着干而被削职的，李香君心说：这不是巧了吗？想当初我爹爹也是折损在阉党手中。相似的人生境遇，让李香君对侯方域除了心动，又多了一份同是天涯沦落人的惺惺相惜之感。

媚香楼的窗外笙箫渐歇，凉意渐深，而窗内烛火摇曳，春意渐浓。李香君从未留客到这么晚过。

就在这时，外面响起了敲门声。养母李贞丽的声音传来："夜深了，侯公子请回吧，我家姑娘要歇息了。"李香君和侯方域聊得正欢呢，但养母都开口要送客了，李香君只好依依不舍地和侯公子道别。

此后一段时间，侯方域天天都来媚香楼找李香君。她为他弹琴，他为她写诗。两个人还经常泛舟河上，一边欣赏桨声灯影里的秦淮美景，一边聊诗词聊古今聊人生。

这天晚上，画舫之中的两个人在说着悄悄话。侯方域深情地说："亲爱的，我很快就来娶你，从此你就有一个温馨的家啦。"李香君听了感动得眼泪直流。试问哪个女孩子听到这样的话不会被打动呢？特别是这么多年都孑然一身的李香君，她一个人在外飘零，一个人闯荡娱乐圈，她多么希望，自己累了的时候可以有个依靠啊。此时李香君觉得侯公子就是她命中注定的人，哪怕侯方域在老家还有个妻子，但这些都不重要了。李小姐心里甜甜地想：只要侯公子真心待我，就足够了。

那时侯方域的确是爱李香君爱得死去活来的，家也不回了，老婆也不要了。他很快就决定，要为李香君举办梳栊之礼，让她风风光光地从媚香楼出嫁。

所谓梳栊，就是青楼名妓出嫁，终身只侍奉一人，不再接待别的客人。从此琵琶只为他弹，清歌只为他唱。而男方则需要备下厚重的聘礼，并邀请各界风雅名士前来捧场。举办这一场梳栊之礼，可要烧不少银子。放在以前侯家得势的时候，这点钱根本不算啥。只可惜如今侯公子时境落魄，囊中羞涩，欲得佳人却拿不出那么多礼金。虽然李香君的私房钱也能帮衬他一些，但侯方域好面子，他心想：若是我们结个婚还得让香君出钱，那我的脸往哪儿搁呢。

侯公子日夜为此事发愁，他异想天开地做着白日梦：唉，要是天上能掉下一大包银子，砸在我头上就好了。

7

谁能想到，白日梦居然成真了。

这时候侯方域的一个朋友跳出来了，此人叫作杨龙友。他对侯方域说："兄弟，我敬仰你文采风流，又是复社中坚成员。如今你有困难，杨某人愿助你一臂之力，成全你和李小姐二人的美事。"说着便拿出了一包银子。侯公子心里那个感动啊，叹道："真是人间有真情，人间有真爱，兄弟雪中送炭之恩我没齿难忘，来日定当涌泉相报。"

侯方域当时也是有些疑惑的，杨龙友虽是自己的朋友，但他也不是大富大贵之人，怎么突然如此慷慨大方？但侯方域急着迎娶佳人，也来不及多想了，高高兴兴地用这笔银子举办了梳拢仪式。那天他邀请了一帮有头有脸的人，摆了好几桌宴席，可谓高朋满座，宾主尽欢，隆重得堪比婚礼现场。宴会之上，他还将一把镂花象牙骨白绢面扇赠予李香君作为定情信物。李香君依偎在侯方域怀里，心中盛满了欢喜和幸福。

只是她看侯公子为自己下了这么大的血本，心中不禁有些疑惑：这一笔花销可不小啊，侯郎哪儿来这么多钱的？

疑问没多久就被解开了。两人得知，这笔钱其实并非出自杨龙友之手，而是来自一个叫作阮大铖的人。阮大铖虽然是晚明文艺圈里大名鼎鼎的戏曲家和文学家，可这人人品是出了名的不行。作为一个精致的利己主义者，阮大铖见风使舵的功力已经达到了王者级别。东林党得势时，他依附东林党；魏忠贤权倾朝野时，他归附阉党；后来等到明朝覆灭时，他便立刻归顺大清。

这次借杨龙友之手帮助侯方域，阮大铖可没安好心，他是想找个跟他同流合污的小伙伴。为了渗透进大明的文人高知圈，总得先拉拢其中的几个成员吧。而侯方域便成了他的首要人选，毕竟侯公子作为名门之后，有人脉又有才华，在这个圈子里是很有话语权的。若是能拉拢侯方域入僚，必定会对阮大铖的仕途有所助益。

俗话说，吃人家的嘴软，拿人家的手短。阮大铖送来的钱花都花了，侯方域便有些心虚，他犹豫地跟李香君说："要不咱们跟着阮大铖混得了。"

李香君很清楚阮大铖是个什么货色，她一听说梳栊之礼的钱来自他，气得柳眉倒竖、杏眼圆睁。她冲着侯方域发飙道："不就是钱吗！本小姐有的是。侯郎你有点骨气行吗？怎么能跟阮大铖这个垃圾同流合污呢？咱们就算砸锅卖铁，也得把这个钱还上！"

说完就去翻箱倒柜，把自己攒的私房钱和首饰全都搜罗出来，先去当铺变卖了心爱的钗簪玉环，又让侯方域立刻找朋友四下借钱，最后总算是凑够了数，拉着侯方域去把钱扔还给了阮大铖，然后潇洒转身，头也不回地走了。留下阮大铖在那儿恼羞成怒，气得快要原地爆炸了。

没有对比，就没有伤害。相比李香君，侯方域就显得很没骨气了。

但其实，侯方域原来并不是个没有原则的软骨头。当他年少时，就已经有修身治国平天下的政治豪情了。十七岁的小侯就知道为老爸分担政事，代父草拟《屯田奏议》，洋洋洒洒数万字，条理清晰，辞藻得当，因此文扬名天下。放在现在，也就相当于一个高三学生，却已经有能力向国家高层提议治国之道了，而且还逻辑严密，言之有理，期于可行，的确是有经世致用之才。

然而当时的大明王朝已是摇摇欲坠之势，崇祯帝有心治国，却能力不足，只能无可奈何地看着他的臣子们在窝里斗个你死我活，混乱的党争将大明王朝进一步推向了崩溃的边缘。一个曾经煊赫的王朝，如今却在苟延残喘。有志之士虽有救世之心，却也无力回天。侯方域曾经也是其中满怀豪情壮志的一员，只是残酷的现实让他逐渐心灰意冷。

他已不再是当初那个少年。

8

崇祯十七年（1644），李自成发兵攻占北京，绝望之下的崇祯帝在煤山自缢身亡。王朝的兴衰更迭，只在弹指之间。天子死了，明朝的皇亲贵族和文武大臣都像无头苍蝇一样，纷纷逃往南方，此时清军的铁骑还未踏上淮河之南的疆土，所以在名义上，淮河以南仍属于明朝，而南京城便成了福王称帝之处，史称弘光皇帝。

阮大铖作为一棵敬业的墙头草，很快抱上了弘光帝的大腿。他亲自为弘光帝撰写歌词剧本，成为皇帝身边的大红人。小人得势是最可怕的，昔年拉拢侯方域不成而反被羞辱的事，阮大铖始终怀恨在心。作为这个故事里的反派角色，阮大铖是绝对不会让这件事轻易地翻篇的，于是他寻了个莫须有的由头捉拿侯方域。

此时清军已占领北方，正虎视眈眈地盯着淮河以南。南明被灭是迟早的事，繁华即将覆灭，可秦淮的一泓碧水却依旧不知人事不知愁地东流而去，南京城仍在做着最后的绮梦。秦淮河畔依旧是软玉温香，侯公子正和他的李小姐在这里过着神仙眷侣般的日子呢。

虽然两人还了阮大铖银子之后，日子过得有些拮据，侯方域也总是担心委屈了曾经的花魁小姐。但李香君丝毫不在意，她温柔地对侯方域说："亲爱的，我没有漂亮裙子穿也没事的，反正我长得好看穿啥都美。就算布衣荆钗也无妨，我们保全名节才是最重要的。"

侯方域紧紧地把李香君搂入怀中，心中感慨万千：我这是娶了个仙女吧，如此美丽，如此有才，最难得的是还如此有气节，真是侯某平生之大幸啊，以后我定要护她周全。

然而当阮大铖要抓捕侯方域的消息放出来后，侯方域一下就慌了神。他心里怕得要命，决定逃离南京避避风头。临走前他慌慌张张地对李香君说："亲爱的，阮大铖要抓的是我，他应该不会为难你的，你就留在这儿吧。"说完便仓皇离去。

李香君心中对侯方域的失望又多了一层。大难临头，他却只想着自己逃跑，置我于不顾，是我所托非人吗？李香君也想过挽留，可侯方域执意离去，她也无可奈何，只能一个人待在秦淮河畔。毕竟她一个弱女子，又能跑去哪里呢？她从小在秦淮河边长大，这里就是她的家。如今形势再不妙，她也只能在此暂栖己身了。

李香君从此闭门谢客，洗尽铅华，过着犹如隐居一般的日子。唯愿平静度日，再无波澜。

这就正中了阮大铖的下怀：想当初李香君这小妮子让我颜面尽失，如今可算是落到我手里了。阮大铖真是一肚子坏水，他明明知道李香君已是侯方域的人了，却极力撺掇皇上身边宠臣田仰纳李香君为妾。这田仰也不是个好东西，万历年间贪污被贬，如今巧言令色，巴结上了弘光帝，和一群奸臣狼狈为奸。

李小姐当然是誓死不从了，好你个阮大铖，果然是个趁火打劫的小人。凭你是谁，也休想碰本小姐一根头发。

阮大铖狠狠　笑："李小姐，别挣扎了，你就等着明天花轿来接你吧。"第二天田仰果然带着一群人吹吹打打地来迎娶李香君。李香君那个气啊，心想：自己宁愿死，也不要嫁给这种人渣。于是竟然铆足力气，一头撞在栏杆上，鲜血一下就溅上了侯公子所赠的那把折扇，点点血迹像极了桃花，煞是凄艳。在场之人都吓坏了，田仰等人见真的会闹出人命，也不敢再多加逼迫，只好灰溜溜地走了。

后来杨龙友丹青妙笔，在扇面上略加几笔点染成桃花，遂成桃花扇。

9

不幸中的万幸是，李香君这一撞并没有危及性命。可是前路如此渺茫，李香君已经敏锐地感受到，这个王朝正在发生惊天动地的巨变，而自己作为这乱世中如此微小的一个生命，恐怕会身不由己地被卷入汹涌波涛之中。

的确，李小姐一个弱女子，要背景没背景，要靠山没靠山，本以为值得托付终身的侯公子，在这紧要关头还跑了。李香君不禁有些心灰意冷，说好的同甘共苦呢？侯公子给了她柔情，给了她承诺，却也给了她绵绵无绝期的等待。

想到阮大铖随时可能再次上门找麻烦，李香君有些心慌。她很清楚的是，自己是个烈性子，若是和那帮坏人硬碰硬，肯定会吃亏。惹不起我还躲不起吗？于是李香君便闭门不出，安安静静地在家养伤。

然而阮大铖听说自己的奸计没有得逞，决定使出第二个损招。阮大铖自从抱上了弘光帝的大腿，胆子就更肥了。这一次他打着圣谕的幌子，将李香君征入宫中当歌姬。这一招李香君着实无法拒绝，毕竟一个身似浮萍的小小青楼女子，哪里能忤逆天子呢？

宫门一入深似海，从此侯郎是路人。

李香君站在雕龙画凤的宫殿前，怀里紧紧抱着那把鲜血画就的桃花扇。此生还有机会和侯郎见上一面吗？她的眼里，尽是无望燃烧却不肯熄灭的火焰。她多想让鸿雁传书，给侯公子带去她的思念，也多想扑到他怀里痛哭一场，诉说他不在时她所受的委屈。可是此时清军和南明的军队正打得不可开交，交通全部瘫痪。欲寄彩笺兼尺素，山长水阔知何处？

1645 年，清军南下，攻占扬州，又直逼南京，弘光帝仓皇而逃。城破之际，李香君混在宫女太监中逃出皇宫，回到秦淮河畔的住所，却不想聊寄浮萍之身的小楼已在熊熊战火中毁于一旦。曾经笙箫不断的人间极乐地，如今已面目全非，尽是疮痍。

多少繁华，就此风流云散。

10

这一切，都来得太快了。仿佛只一声战马的嘶鸣，天地之间便乾坤颠倒，江山易主。

李香君默然地站在秦淮岸边，恍然间不知人间何世，今夕何夕。她似乎听到了南京城因肩负着巨人的伤逝之痛而发出的沉重喘息，可是她没有听到侯方域在混乱中喊她名字的声音。

李香君并不知道，这天晚上，她心心念念的侯郎，正在南京城内。侯方域还算有点良心，他一听说南京陷落，就心急火燎地赶回来寻找李香君。可惜两人于长板桥错身而过，连天烽火中竟没有发现彼此。

或许自侯方域匆匆出逃那刻起，李香君便已在内心和她的侯郎一遍遍地进行着永诀。

李香君这辈子最大的错误，就是看走了眼，爱错了人。侯方域作为一个本应铁骨铮铮的大男人，却是个实打实的软骨头，甚至逐渐变成了和阮大铖一样的货色，做了一系列毫无节操的事。当他意识到明朝大势已去时，便立刻转变立场，当了大清的走狗，还帮着清军镇压明末的起义。在大明亡国后，前朝遗民侯方域马上舰着脸参加了大清的科举，但没想到实力不够，堂堂的大才子居然落榜了。之后他还不安分，为了功名向大清出了个馊主意来平定叛乱，就是掘黄河，以水为兵。结果呢，竟然淹死了包括起义军与平民百姓在内的数十万人，气得清帝从此再不许他参谋政事。

背叛了前朝，又不被清朝当权者待见，侯方域可以说是个实实在在的人生失败者了。没风骨，没能力，做了缺德事为世人唾弃，中年的侯方域几乎经历了社会性死亡。他一直郁郁寡欢，卒于三十七岁。若不是李香君，这个叛徒恐怕都不会再被世人提起。侯方域在历史上留下的一点痕迹，可以说都是沾了李香君的光。

> 桃花褪艳，血痕岂化胭脂。
>
> 豆蔻香销，手泽尚含兰麝。

李香君能有那么大的魅力，甚至位列秦淮八艳之一，不仅仅是因为她长得美丽有才气。更是因为她见证了王朝的更迭，她的身世也和这段历史紧密地纠缠在一起，所以世人皆道，"桃花扇底送南朝"。

李香君为世人所铭记、所倾慕,一次次地出现在诗词歌赋和文学作品里,还因为这个女子虽然柔弱似水,内心却宛如坚冰。自古女子的情思总是更为绵长,更为坚贞,不仅是对于爱情,更是在对待家国大事上。李香君只是一介小小的青楼女子,却比大丈夫更有原则,更有气节,在人品道德上全方位吊打侯方域。

谁说商女不知亡国恨,隔江犹唱后庭花?

听说后来,在战乱中受尽磨难的李香君,同昔日的秦淮姐妹卞玉京一同在栖霞山出家为尼,长伴青灯古佛。那些"一曲红绡不知数"的日子,已经离她很远很远了。再后来,侯方域找到了李香君,她便以妾的身份嫁入了侯家,她刻意隐瞒了自己曾是秦淮歌伎的身份,只为求一份安稳。可是几年后她的公公侯恂无意得知此事,李香君被赶出侯家,流落荒村。

她的一生,也就这么草草结束了。

如今的秦淮,已无画舫青楼,可是这流淌千百年的秦淮水,却藏着多少罗愁绮恨。当年那个怯怯的女孩子,就在这秦淮河畔一步步地成长起来。她乘风破浪,披荆斩棘,成就了一个女人的史诗、一段时代的传奇。

佳人罗衫掩面,回眸一笑,就此铺陈开了一个王朝的兴衰荣辱。